日本を変えた
すごい僧侶図鑑

蓑輪顕量○編著　東京大学仏教青年会○著

産業編集センター

はじめに

日本に仏教が伝わったのは6世紀の半ば頃で、お隣の韓国、当時の百済《くだら》の国から入りました。最初は神様と同じようなものと意識されたようです。本格的に受け入れられるのは、6世紀の末、7世紀の初頭からです。

仏教との関わりにおいて最初に注目される人物は聖徳太子です。一時期、聖徳太子は存在しなかったというセンセーショナルな意見が一世を風靡《ふうび》しましたが、今は落ち着いて、やはりいたのだろうと考えられています。

仏教が定着していくのにはしばらくの時間を要しましたが、もともと存在していた神祇《しんぎ》信仰《しんこう》、すなわち神様に対する信仰とも対立することなく、受容されていきました。ここが日本の仏教の面白いところの一つです。

さて、古代の飛鳥時代から近現代に至るまで、傑出した僧侶が数多く輩出されてきました。そのような僧侶に焦点をあてたものが本書です。近代には大学の教員を兼ねるなど、多様な僧侶が登場しますが、大きな枠組みを設定すれば、その中に収まるでしょう。その大きな枠組みとは、お釈迦様を最初の創始者として仰ぎ、その教えを継承しながら、時には発展させ、人々の悩みや苦しみと向き合い、それらを解決するために具体的な実践方法を持ったということでしょう。

仏教には学問と修行の2つの道があるといわれます。学問は思想的な営みに直結し、新しい解釈を生みます。修行は悩み苦しみからの解放を実現します。そのような大きな流れの中で活躍した僧侶を、古代から近現代までの中から50名を選び出しました。そして、その人の生涯を紹介するとともに、興味深い教えや実践を簡単に紹介することに努めました。ただ、簡単に、「ここがすごい！」とはなかなか言えないところがあります。しかし、本書の各項目を読み進めるにつれて、執筆者それぞれが見つけ出した、「ここがすごい！」が見えてくることと思います。新しい視点からの本書が、皆様に受け入れてもらえることを願ってやみません。

編者　一般財団法人東京大学仏教青年会理事長（東京大学大学院人文社会系研究科教授）蓑輪顕量

日本を変えた
すごい僧侶
図鑑

目次

第2章 鎌倉～安土桃山時代（中世）

第3章 江戸時代（近世）

第4章 明治〜昭和時代（近・現代）

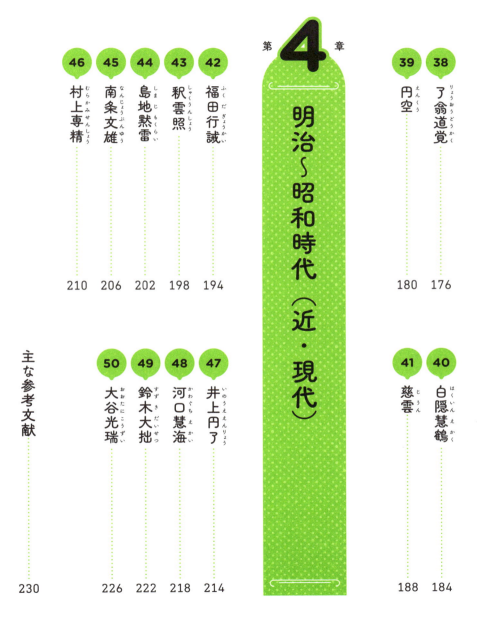

仏教の基礎（総論）

仏教はインドに生まれたシャーキャムニ（釈迦牟尼《しゃかむに》）によって始められた宗教です。シャーキャムニは「シャカ族の聖者」（ムニはサンスクリット語で聖者）という意味ですが、漢訳されて「釈迦牟尼」になりました。世の中の貴き人という意味で「世尊《せそん》」とも呼ばれます。釈迦牟尼と世尊とが結びつき釈迦牟尼世尊となり、それが短く略されて「釈尊《しゃくそん》」になります。幼少の頃の名前はゴータマ・シッダッタでした。

誕生の年は、正確にはわかりません。南方に伝わった仏教の伝承では、紀元前５６３年頃に生まれ、紀元前４８３年頃に亡くなったと伝承されます。中国などの東アジア世界に伝わった北方の伝承は別の説を伝えています。この北伝を重んじた中村元博士の推定では、紀元前４６３年に生まれ、紀元前３８３年に亡くなったとされます。１００年の差があるのですが、どちらの説をとっても80年の生涯を過ごしたことは間違いなく、最近では南伝説に信《しん》憑性《ぴょうせい》があると考えられています。

釈尊の父は浄飯王《じょうぼんのう》と呼ばれ、釈迦国の国王でありました。母は摩耶夫人《まやぶにん》と呼ばれた人でした。摩耶夫人は白象がおなかの中に入った夢を見て、お釈迦様を身ごもりました。カピラヴァストゥ（現在のネパール南部）という都市に住んでいましたが、その郊外のルンビニーという地で出産をしました。それは当時、お産は人里を離れた地でするものという習慣があったからと考えられています。しかし、産後の肥立《ひだ》ちが悪かったのでしょう、摩耶夫人はシッダッタを産んだ1週間後に亡くなってしまいました。

シッダッタ王子は、王宮の中で何不自由ない暮らしをしていましたが、人生の中で誰もが経験する老病死の苦しみを目の当たりにします。それがきっかけとなり、苦しみから解放されているように見えた沙門《しゃもん》（当時の宗教者はバラモンと沙門の2つのグループに大別される）の仲間入りをし、苦しみの解決のために出家します。それは29歳の時でした。

最初、苦行に身を投じるのですが、やがて苦行を捨てて、瞑想《めいそう》を行うようになります。35歳の時、この瞑想によって悟りを開き、シッダッタ王子はインド古代の言葉で「目覚めた人」を意味するブッダとなりました。何に目覚めたのかというと、世の中の真理に目覚めたのでした。私たちの悩みや苦しみの原因が何であるのか、そこから逃れる方法は何か、といった具合に、とても具体的な内容を悟ったのです。

さて、悟りを得たことを成道《じょうどう》といいますが、具体的にはどのような事があったのでしょうか。スリランカに伝えられた仏典によると、最初、菩提樹のもとに坐った釈尊は、自分だけでなくあらゆる生き物の過去世（前世）のことが脳裏に浮かび、最終的には煩悩は尽きたという思いが生じた、と伝えられています。これが最初に体験したことでした。やがて、その瞑想は、今経験していることに注意を振り向け、十分に把握するサティ、すなわち念処《ねんじょ》と呼ばれるものになります。この念処は、今の一瞬一瞬の私たちの体験、すなわち体の動きや、心に生じる働きなどが対象になるのですが、それを意識すること、気づくこととも言い換えることができます。

なぜこのような観察をしたのでしょうか。そこには、釈尊が気づいた私たちに生じる悩み苦しみと深い関係があります。私たちの心に具《そな》わっている働きに、私たちが外の世界を感覚器官で受け止めると、それがきっかけになって、次々と働きが起こります。今でいう自動思考です。仏教では、最初の感覚器官で世界を受け止める反応を第一の矢、それがきっかけになって生じる、次なる心の働きを第二の矢と表現しました。言ってみれば、私たちの悩み苦しみは、私たちの心が起こした第二の矢そのものなのです。

悩み苦しみがこのようなものとして把握されたことで、その第二の矢が生じないように、心を整える観察法が生まれました。これがサティ、すなわち念処と呼ばれる観察法です。現代風にいえば、メタ認知です。このような認知を行うことが習《なら》い性《せい》になってくると、私たちの心に新しい回路ができていきます。つまり、私たちの心は、常に今の一瞬に起きていることを把握し、自動的に第二の矢が生じないように変わっていくと考えられるのです。

ところが、気づきの対象を一つに限定していると、心の働き全般が静まっていってしまいます。この方向の観察はサマタ（止）と呼ばれるようになり、一方、さまざまに気づく方はヴィパッサナー（観）と呼ばれるようになりました。この観の観察を通じて、心に生じるものが生じては滅するものであること、それらは苦しみであること、そしてそのようなことは自分ではどうにも変えることができないことに気づくようになります。これが無常、苦、無我という言葉で表現されます。やがて、このような知恵が生じてくる観察が、ヴィパッサナー（観）であるとも位置づけられるようになっていきます。

つまり仏教にとっては、身心の観察が重要な意味を持っているのですが、やがてその観察がきっかけになって思想も生まれていきます。縁起とか空《くう》といわれるものがその代表的なものです。やがて誰もが悟りを開くことができるのだということを支える理論として仏性《ぶっしょう》、如《にょ》来蔵《らいぞう》思想なども生まれます。こうして仏教の修学には学問研鑽《けんさん》と修行実践という２つの流れが成立していきます。

では、次に仏教の歴史的な展開を見ましょう。釈尊の教えを信奉する集団はサンガと呼ばれますが、最初は１つのサンガでした。ところが、仏滅後１００年頃に２つのサンガに分かれます。これをサンガの根本分裂と呼びます。分裂といいますが、実際には分派です。このサンガの分派は、日常生活が変わっていくことで生じた戒律に対する考えの変化を受容するかしないかを原因としたところがありました。南方の伝承では10個の問題点があげられ、その中には塩を保存しておいてもよいか、正午を過ぎてもしばらくは食事をしてもよいか、などのとても具体的な項目が論点であったと伝えられます。この分派は後にも起きており、そちらは枝末分裂と呼ばれ、インド世界では5世紀頃には20個の部派に分かれていたと伝えられています。そして、インドの北西部では説一切有部《せついっさいうぶ》が、南方では正量部《しょうりょうぶ》という部派が勢力を持っていたといわれます。

さて、では私たちがよく知っている大乗仏教はどのようにして成立してきたのでしょうか。実は大乗仏教の起源に関しては古来、議論のあるところです。最近の見解では、部派の中に生じてきた、経典を中心として引き起こされた改革運動が始まりであったのだろうと推定されています。おそらく最初は、インドの南の方に存在した部派の中に登場し、やがて各地にも生じたのではないかと考えられます。まず釈尊の悟りを身近なものとして取り戻すべく、新たな内容をもつ経典が作られました。おそらくその背景には、釈尊の修行実践が細かく理論化され、悟りが遠ざかってしまったことがあったと推測されます。この改革運動は『般若《はんにゃ》経《きょう》』という名前で呼ばれる経典が最初でした。般若とはパンニャー、すなわち智慧《ちえ》を意味する言葉ですが、この智慧は、対象を区別せずに捉える心的な働きを指す言葉でもあったと考えられます。区別することなくということは、無分別と呼ばれます。また物事には実体がないことを空という言葉で表現しました。おそらく紀元前後から成立してきたものが般若経典群と考えられていますので、紀元前後から大乗仏教が成立し始めてきたと考えてよいと思います。この後、『法華経《ほけきょう》』や『維摩経《ゆいまきょう》』『華厳経《けごんぎょう》』『勝鬘経《しょうまんぎょう》』など、私たちになじみの深い経典も成立します。

また、思想的な流れとしては、大乗の中に中観派《ちゅうがんは》と瑜伽行派《ゆがぎょうは》の2つの大きな流れができます。中観派は空を強調し、一切は実態を持たないものだと主張します。瑜伽行派は、あらゆるものは心によって認識されたものに過ぎないという考えから、やがて一切は心によって作り出されたものだと主張するようになりました。この2つの大きな流れは、東アジア世界に紹介されると、三論学派《さんろんがくは》（三論宗とも）と瑜伽行唯識《ゆいしき》学派（法相宗《ほっそうしゅう》とも）になります。この2つの学派は、奈良時代に日本にもたらされて三論宗と法相宗になりますので、インドの地に栄えた大乗の2つの流派が、東アジア世界にしっかりと伝わったことがわかります。

さて、インドの地においては大乗仏教が成立してしばらくすると、大きな社会的な変動が起きます。グプタ朝の崩壊です。インドの歴史の中では、グプタ朝は文化的にも栄えた時代なのですが、この時代が終わると、交易は衰え、農村を中心とした社会に変貌していきます。このような状況下で成立してくるものが密教《みっきょう》です。

この密教はタントリズムといわれますが、本来は仏教やヒンドゥー教、ジャイナ教にも共通に存在した要素であり、それは現実を肯定的に捉える思潮であったといいます。仏教の中にも、それまでは否定的に捉えられていた死や性が、肯定的に受け止められるようになり、さらにはインド伝統のバラモン教の祭祀《さいし》が取り込まれ、ホーマー（護摩《ごま》）と呼ばれる火を用いる儀礼が始まります。日本の密教系の寺院で火を使った儀礼が見られますが、それはこの時代から仏教の中に取り込まれたものです。

インドにおいて、仏教はヒンドゥー教に飲み込まれてしまい、13世紀頃に東インドにあった最後の拠点寺院であったヴィクラマシラー寺が滅ぶと、インドの地からは仏教は独立した形では存在しなくなってしまいました（ヒンドゥー寺院の中にはヴィシュヌ神の生まれ変わりとしてブッダが祭られています）。

中国に仏教が伝わったのは紀元1世紀の半ば頃です。伝播の最初と考えられている話は、後漢の明帝《めいてい》が夢の中に金色に光る人を見たというものです。これがブッダの事であろうと推測されています。最初は交易の隊商の人たちとともに、仏教僧侶が入ってきたのであろうと考えられますが、外国の人たちが留め置かれた場所が鴻臚寺《こうろじ》（後漢の役所名）であったことから、外国の僧侶、すなわち僧侶が居る場所が寺と呼ばれるようになったと考えられます。

さて、現実を重視する中国の人たちに、仏教が受け入れられるようになるのは大変なことであったと想像されます。仏教以前から存在していた儒教《じゅきょう》では、人間関係、特に親子の関係を大事にするため、出家主義をとる仏教が、受け入れられるようになるのには相当は努力が必要でした。またインド系の言葉と漢語とは大きく異なりますので、なおさらです。4世紀頃までの仏教経論は、老荘思想（老子や荘子の思想）や儒教の言葉を借りて翻訳されていたため、意味をあてた仏教（格義の仏教）と呼びます。例えば、一番大事な悟りという語が道と翻訳されていた時期もありますので、当時の知識人にとって、仏教は老荘思想と近いものとして受け止められたに相違ありません。

この流れを反省し、仏教が仏教独自の言葉で表現され、定着していくのは4世紀後半からです。重要な人物として釈道安《しゃくどうあん》や鳩摩羅什《くまらじゅう》が挙げられます。特に鳩摩羅什はインドや中央アジアの言語と漢語に巧みであり、たくさんの翻訳を残しました。現代、東アジア世界でよく使われている『法華経』『維摩経』『阿弥陀経《あみだきょう》』や『中論《ちゅうろん》』『大智度論《だいちどろん》』などは、鳩摩羅什の翻訳によるものです。これらの経論の中では、私たちの心の働きも、また私たちが認識しているこの世界も、永遠を保つものは何一つ無く、無常であり、空である、そして、そのようなあり方を縁起と呼ぶのだという考え方が強調されました。これが大乗仏教の一つ、中観思想と呼ばれるものです。

東アジア世界で最初に大きな影響を持った経典は『涅槃経《ねはんぎょう》』でしたが、この経典には、私たちには仏そのもの（仏性といいます）が宿っているという考え方が主張されていました。東アジア世界には、老荘思想の伝統で、世界の根源は道と呼ばれるもので、そこから世界ができあがっているという考え方があったため、この仏性思想と親近感があったのかも知れません。やがて中国では唐代以降、禅宗と浄土宗が勢力を伸張させますが、その背景にこの道の思想があって、自己を肯定的に捉える思潮を形成したと推測されます。

また、7世紀の中頃、中国からインドに渡り仏教を伝えた玄奘《げんじょう》の果たした役割も重要です。玄奘の伝えた仏教は、瑜伽行派と呼ばれる瞑想体験を大事にする、そして精緻《せいち》に分析することを好んだものでした。『瑜伽師地論《ゆがしじろん》』や『成唯識論《じょうゆいしきろん》』を翻訳しますが、これらの経論を用いて展開するのが法相宗です。法相宗では、私たちが見ている世界は私たちの心が作り出したものに過ぎず、それは一人一人異なるものであるという点を強調しました。

中国の南北朝の時代には、北朝では修行を大事にする仏教が、南朝では経論を勉強して講説する仏教が栄えたといわれます。この南朝の講説を大事にする仏教が百済《くだら》経由で日本に伝えられます。日本古代の歴史資料である『日本書紀』の中に登場する仏教に、経典の講説が数多く出てくるのは、このような理由によります。また模範にした仏教が、中国の南部、呉の地方の仏教だったので、呉の地方の音いわゆる呉音《ごおん》で読む伝統を持っています。

日本の仏教の流れを大きな視点で眺めてみれば、古代に伝わった仏教が経典の講説、法会《ほうえ》を中心として展開し、これが南北朝の時代頃まで栄えます。多くの格式の高い法会が寺院に設置され、その場で教学研鑽の成果を披露し、認められた僧侶が、僧侶世界の頂点に立つという制度ができあがります。形式的には現在にまで生き延びていることも特徴の一つでしょう。

そのような僧侶世界の伝統に対抗する運動が、院政期頃から起こります。この運動は「遁《とん》世《せい》」と呼ばれましたが、その特徴は寺院社会内の名聞《みょうもん》利養《りよう》（名声を得ることと、財を増やすこと）を目指さなかったところにあります。この流れの人たちがやがてグループを作り、現在につながる宗を作ります。この遁世のグループの代表が浄土宗、禅宗、法華宗（後の日蓮宗）です。もっともこの遁世のグループにも、いつの間にか伝統的な部分が入り込み、僧侶世界のヒエラルキーとして、独特の称号（僧正《そうじょう》や僧都《そうず》、律師《りっし》がその代表）を使用することが始まりました。

最初期の仏教グループが、天台宗、真言宗、そして南都の仏教です。この仏教グループと、遁世系のグループが、勢力として逆転するのは戦国時代頃と考えられています。現在につながる多くの宗が実は遁世系であり、個人の救済を説き葬送にも関わるようになりました。そして、江戸時代に、通過儀礼（特に葬式）と密接に結びついた仏教ができあがります。現在も生きている檀家《だんか》制度ができあがるのは江戸時代でした。

明治時代に入ると、仏教界は神道《しんとう》と切り離され、政治的には神道が正面に出されます。仏教にとって危機的な状況に対し、仏教界も近代化を推し進め、各宗単位で行政組織や立法組織を持つようになります。これが現代の宗派単位の仏教を生み出した最大の要因であったのではないかと推定されます。大衆との密接な結びつきが顕著に見られるのは江戸時代以降ですが、近代以降は、それが社会に役立とうとして行きすぎた場合があったことも否めません。それが戦争協力の問題です。戦後は、この点を反省し、宗派に細かく分かれた仏教界の連合組織（全日本仏教協会）が重要な役割を果たすようになります。

平成から令和の時代になって、東南アジアの仏教が修行道に特化して紹介されるようになります。日本の仏教は、どちらかといえば学問研鑽に重きを置く傾向があったのですが、それが見直される契機になったようです。仏教が本来持っていた、私たちの悩み苦しみに向かい合うという役割が、瞑想という部分を通じて再び注目されるようになりつつあることは新たな動きではないかと思います。

僧侶年表

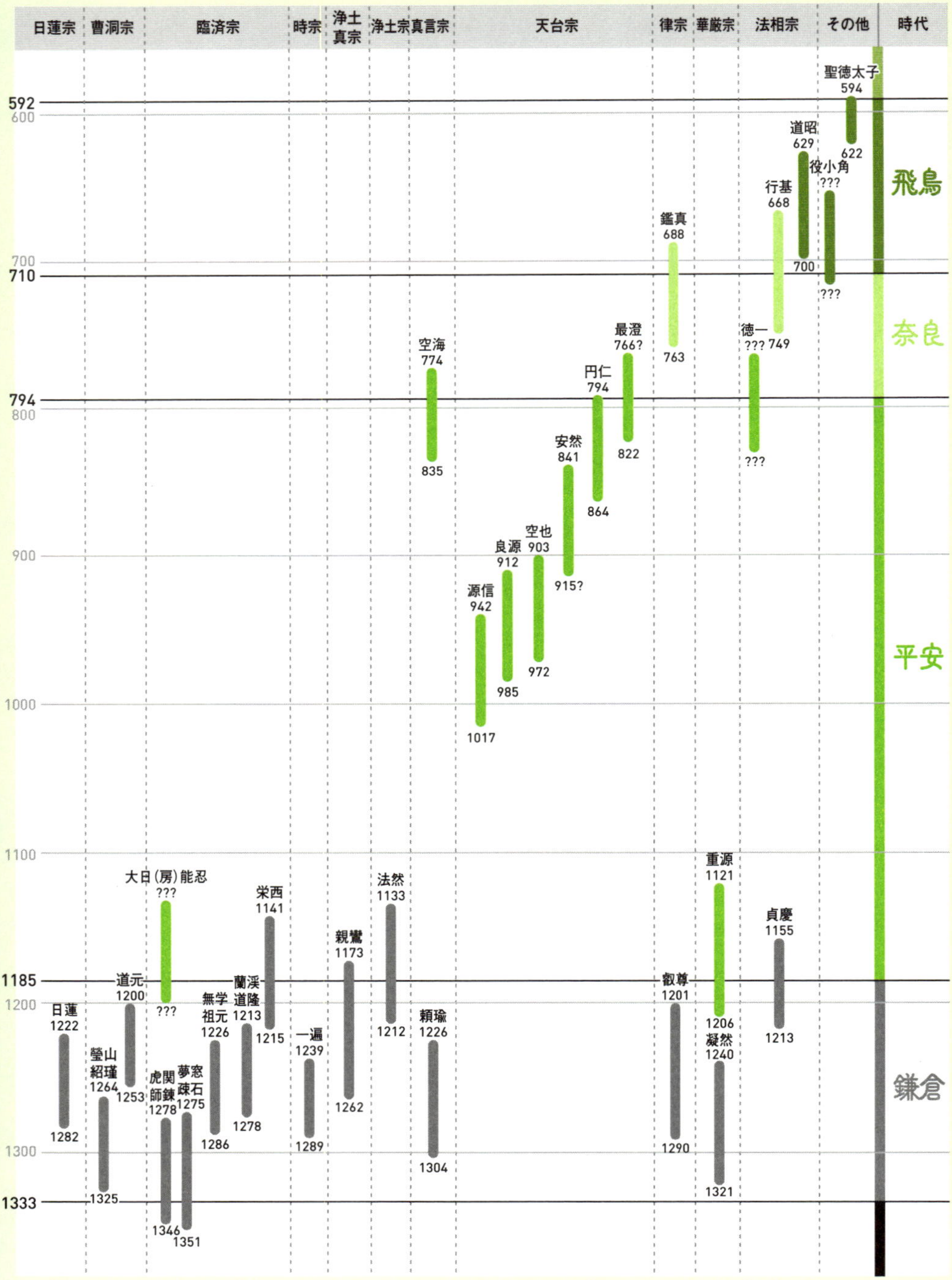

日蓮宗
曹洞宗
臨済宗
時宗
浄土真宗
浄土宗
真言宗
天台宗
律宗
華厳宗
法相宗
その他
時代
592
600
700
710
794
800
900
1000
1100
1185
1200
1300
1333
聖徳太子 594 622
道昭 629 700
役小角 ??? ???
行基 668 749
鑑真 688 763
徳一 ??? ???
最澄 766? 822
円仁 794 864
空海 774 835
安然 841 915?
空也 903 972
良源 912 985
源信 942 1017
飛鳥
奈良
平安
鎌倉
重源 1121 1206
貞慶 1155 1213
叡尊 1201 1290
凝然 1240 1321
大日(房)能忍 ??? ???
栄西 1141 1215
法然 1133 1212
親鸞 1173 1262
道元 1200 1253
蘭渓道隆 1213 1278
無学祖元 1226 1286
日蓮 1222 1282
一遍 1239 1289
頼瑜 1226 1304
瑩山紹瑾 1264 1325
虎関師錬 1278 1346
夢窓疎石 1275 1351

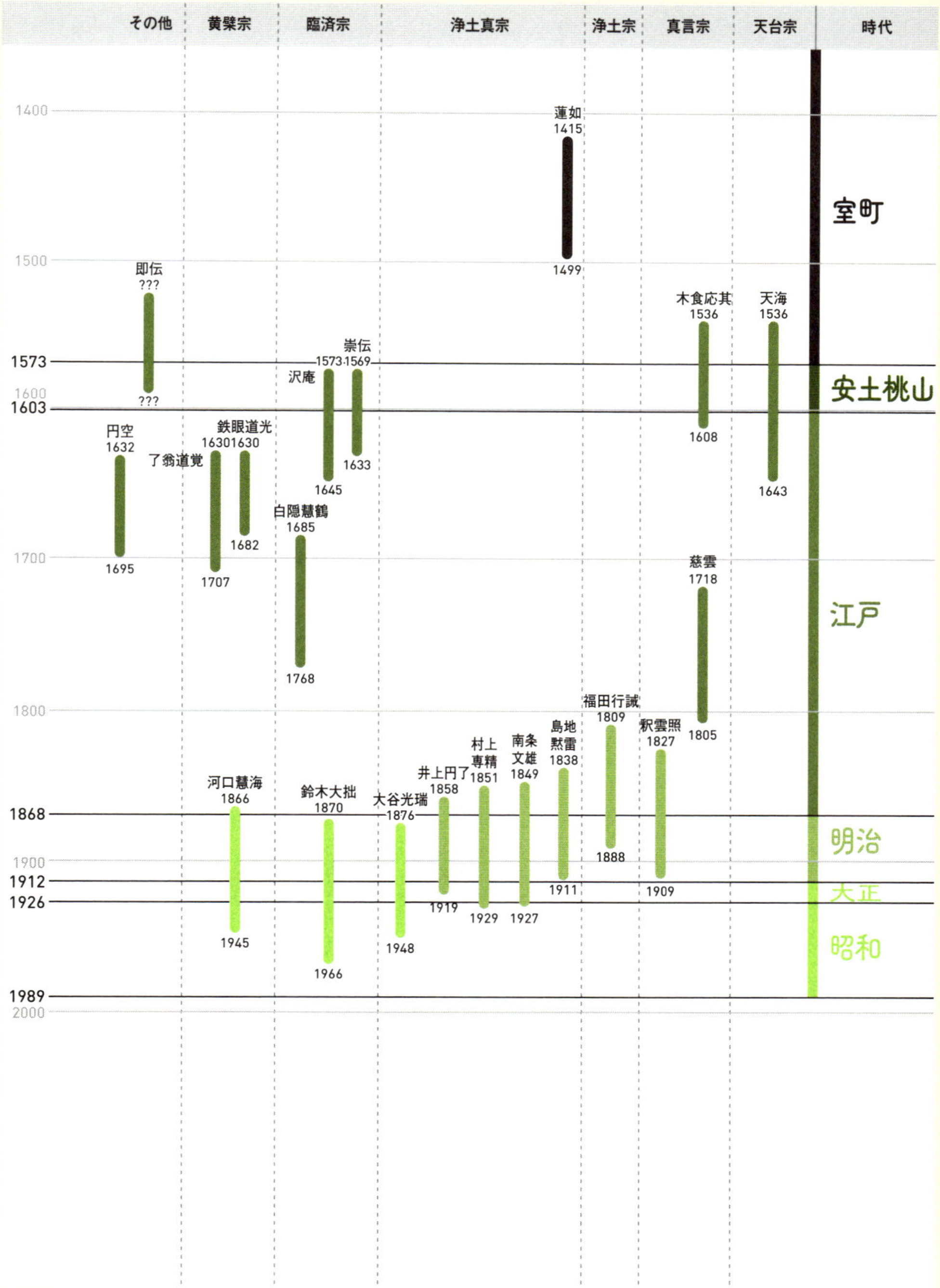

その他
黄檗宗
臨済宗
浄土真宗
浄土宗
真言宗
天台宗
時代
1400
1500
1573
1600
1603
1700
1800
1868
1900
1912
1926
1989
2000
蓮如
1415
1499
即伝
???
???
木食応其
1536
1608
天海
1536
1643
崇伝
1573
1569
沢庵
1645
1633
円空
1632
1695
鉄眼道光
1630
1630
了翁道覚
1707
1682
白隠慧鶴
1685
1768
慈雲
1718
1805
福田行誡
1809
1888
釈雲照
1827
1909
島地
黙雷
1838
1911
南条
文雄
1849
1927
村上
専精
1851
1929
井上円了
1858
1919
大谷光瑞
1876
1948
鈴木大拙
1870
1966
河口慧海
1866
1945
室町
安土桃山
江戸
明治
大正
昭和

この本について

日本に大きな影響を与えた50名の僧侶の人生や教えの特徴を紹介しています。

❶ 宗派：日本にはさまざまな仏教宗派が存在しています。鎌倉時代初期までは8宗、その後数を増やし、日本の仏教宗派は13宗（法相宗、華厳宗、律宗、天台宗、真言宗、融通念仏宗、浄土宗、臨済宗、浄土真宗、曹洞宗、日蓮宗、時宗、黄檗宗）56派となります。1940年に宗教団体法が施行され教団の統合が進み、これらの宗派は28宗派にまとめられます。戦後、宗教団体法は廃止され、新たに1951年に宗教法人法が成立。現在は156の仏教宗派が存在しています（※2021年末時点）。

❷ 本山《ほんざん》：宗派の中で中心的な役割を果たし、末寺《まつじ》を統括する寺院のこと。宗派によって、総本山、大本山、別格本山などの区別があります。

❸ 経典：仏の教えをまとめた書物のことです。宗派ごとに大事にしている経典（根本経典）は違います。また、同じ根本経典でも、どの部分を重視するかは宗派ごとに異なります。

❹ さらに詳しく知りたい方、興味をもった方は「もっと知りたい方へ文献案内」に掲載された文献をご覧ください（※中には図書館等でしか閲覧できないものもあります）。

❺ 各項末に執筆者名を記載しています。

戒律を守り、多くの人に戒を授け、貧しい人たちの救済に尽くした高僧

叡尊《えいそん》

（1201～1290年）

21

1 出生地　大和《やまと》（奈良県）

宗派　真言律宗

2 本山　西大寺《さいだいじ》（奈良県）

大事にした経典　『梵網経《ぼんもうきょう》』『文殊師利般涅槃経《もんじゅしりはつねはんぎょう》』『大日経《だいにちきょう》』『金剛頂経《こんごうちょうぎょう》』

3 著作　『興正菩薩御教誡聴聞集』など

こんな人生

叡尊は建仁《けんにん》元年（1201年）、大和国添上郡箕田里《そえかみぐんみたのさと》に生まれました。建保《けんぽう》5年（1217年）、醍醐寺《だいごじ》の叡賢《えいけん》について出家、元仁《げんにん》元年（1224年）、高野山に入り真言密教を学びます。しかし、真言僧が苦しみの中に亡くなっていくことに疑問を感じ、その原因が戒律を守っていないことによると確信し、戒律の復興を志しました。当時の授戒は形ばかりであると考え、嘉禎《かてい》2年（1236年）、東大寺法華堂において、覚盛《かくじょう》、円晴《えんせい》、有厳《うごん》らとともに自誓受戒（自ら懺悔《ざんげ》をし、修行の中で仏にまみえ、仏から直接に戒を授かること）を行いました。この時の出来事は、中世律宗の転換点となりました。以降、授戒を貴族や庶民にも頻繁に行いました。

仁治《にんじ》2年（1241年）、文殊師利菩薩《もんじゅしりぼさつ》が貧人に姿を変えて現れるという信仰に基づき、非人（差別された人）の救済につながる文殊供養を初めて行いました。以後、畿内各地でこの供養を行います。建長《けんちょう》元年（1251年）、仏師善慶《ぜんけい》に京都嵯峨野の清凉寺《せいりょうじ》に伝えられた生身の釈迦如来像を模刻させ、西大寺四王堂に安置しました。文永《ぶんえい》の頃より光明真言を導入し、文永5年（1268年）には異国調伏《ちょうぶく》*のための法会《ほうえ》を四天王寺（大阪府）で行いました。弘安《こうあん》の蒙古襲来に際しては、石清水八幡（京都府）において調伏の祈祷《きとう》を行いました。また、殺生禁断のために宇治川の網代を壊しますが、代わりにお茶の栽培を奨励して、人々の生活を助けました。ほかにも、宇治橋を完成させ、浮島に浮島十三重石塔を建立。正応《しょうおう》3年（1290年）に90歳で亡くなります。後に伏見上皇より興正《こうしょう》菩薩の尊号を賜りました。

【調伏】内にむけては身心を調和させ、外に向けては敵意を持つ者を教化し、時には打ち砕くこと。

教えの特徴

悟りに至るためには戒律を遵守することが必須の条件である

僧侶が魔道に落ちて亡くなっていくのを目の当たりにして疑問を持ち、戒律を保っていないことにその原因を見出し、戒律の復興を目指しました。戒を授かることによって日常が整えられるとすると同時に、功徳《くどく》が生じると考え、天皇や庶民など、多くの人々に大乗の戒である梵網戒の授戒を行いました。また密教の三昧耶戒《さんまやかい》も大事にしました。殺生禁断を行うとともに、動物の命を取って生活する人たちに生活の代替手段も提供しました。

また、聖徳太子信仰や文殊信仰を持ち、女性、貧民、非人、ハンセン病患者の救済など、多くの社会事業を行っています。密教の教えに基づき、光明真言《こうみょうしんごん》（真言宗で最も福徳のあるとされる秘密の言葉）を大事にし、西大寺に伝わる光明真言会を創始しています。

こぼれ話

蒙古を撃退する祈祷

大陸に大国を築いた蒙古は、文永、弘安年間に朝鮮半島の高麗を従え、2度、日本に襲来します。未曾有の国難に日本は直面しました。この時、叡尊も奈良の西大寺において蒙古調伏の祈祷を行い、調伏祈祷の本尊であった愛染明王《あいぜんみょうおう》の手にあった矢が西の方へ向かって飛び去ったと言い伝えられています。おりしも九州に上陸しようとしていた蒙古軍は嵐に襲われ、上陸は叶わなくなりました。蒙古が撤退したのは叡尊の祈祷の功徳といわれています。

叡尊に学ぶ

学問は目的をしっかりと持つことが大切である

解説

これは『興正菩薩御教誡聴聞集』の中に登場する言葉です。当時の僧侶は論義という仏教教理の研鑽《けんさん》に励むことが多かったのですが、それは何のためかというと、多くは僧侶世界の出世の階段を上がるためであったといわれていました。そのような中で、叡尊は仏教の修学はそれではいけない、多くの人々を救うことを目的に学問をすべきであると主張しました。

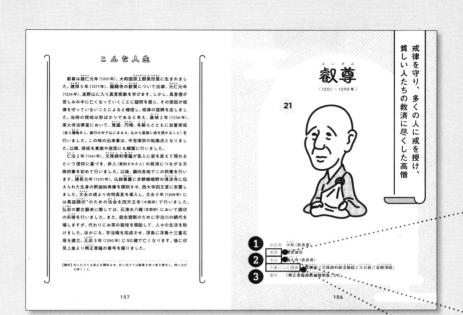

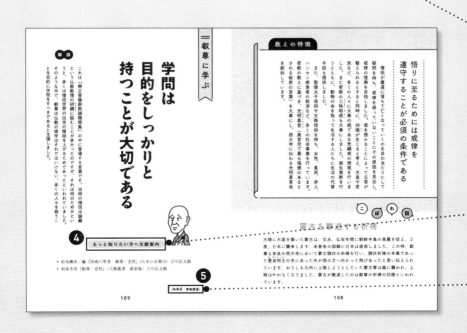

4 もっと知りたい方へ文献案内

- 松尾剛次／編『持戒の聖者　叡尊・忍性』（日本の名僧10）吉川弘文館
- 和島芳男『叡尊・忍性』（人物叢書　新装版）吉川弘文館

5 （執筆者：蓑輪顕量）

第1章

飛鳥〜平安時代（古代）

大陸から仏教が伝わり、定着していく時期です。中国南朝の仏教の特徴が色濃く反映され、経典を講じる法会《ほうえ》や懺悔《ざんげ》を行う悔過《けか》法会など、法会と呼ばれる形態が広まっていきます。また朝廷が仏教を必要とし、護国あるいは鎮護国家と呼ばれる、仏教によって国家を守護しようとする姿勢が強く表れていました。出家の世界に僧官名が存在し、出家の段階から国が僧侶を管理しようとしていました。学問を中心に僧侶世界を規制しようとの朝廷の働きかけもありました。共同体としての仏教が受容された時代ともいえます。

1

聖徳太子《しょうとくたいし》

（594～622年）

初めて仏教を本格的に日本に導入

出生地　飛鳥《あすか》（奈良県）

宗派　なし（当時は三論宗《さんろんしゅう》であったと推定される）

本山　法隆寺《ほうりゅうじ》（奈良県）、四天王寺《してんのうじ》（大阪府）（聖徳太子創建が確かな寺院）

大事にした経典　『法華経《ほけきょう》』『勝鬘経《しょうまんぎょう》』『維摩経《ゆいまきょう》』

著作　『法華義疏《ほっけぎしょ》』『勝鬘経義疏《しょうまんぎょうぎしょ》』『維摩経義疏《ゆいまきょうぎしょ》』

こんな人生

父は用明天皇、母は穴穂部間人《あなほべのはしひと》皇后で、第2皇子として生まれました。生前は厩戸王《うまやどのおう》または上宮《かみつみや》と呼ばれ、没後に聖徳太子と呼ばれました。太子の両親はともに蘇我氏と血縁関係にあります。隋が滅ぶ激動の東アジア世界において、蘇我馬子《そがのうまこ》とともに推古天皇を補佐し、飛鳥時代の政治を支えました。太子は推古天皇の即位とともに皇太子になっています。

6～9世紀にかけて、東アジア世界は仏教が社会をリードする宗教として位置づけられていましたが、太子もそれにならい、日本に仏教を積極的に導入しました。中国の南北朝時代、南朝に存在した国、梁《りょう》において天子が『涅槃経《ねはんぎょう》』を講説したことを手本にして、『法華経』『勝鬘経』などを講説しました。また603年には能力によって身分を分ける「冠位十二階」制度を作り、人材の登用を図り、天皇を中心とした中央集権化を推し進めました。また604年には、朝廷で働く官人（役人）たちの心得として「十七条憲法」を制定しました。第二条に「篤《あつ》く三宝*を敬え」という文言が出てきますが、仏教以外にも中国の法家《ほうか》や墨家《ぼくか》の考え方も参考にしていました。607年に、小野妹子《おののいもこ》を遣隋使として派遣し、隋との関係を築き、翌年には随の役人、裴世清《はいせいせい》が返礼の使いとして来日しました。

622年に斑鳩宮《いかるがみや》で逝去しますが、亡くなった直後に妃の一人であった橘《たちばなの》大郎女《おおいらつめ》が、太子に仕えていた采女《うねめ》（天皇・皇后のそばに仕え、日常の雑事を行った者）たちと一緒に太子をしのんで作ったといわれる天寿国繍帳《てんじゅこくしゅうちょう》（錦の織物に刺繍を施したもの）が、法隆寺のそばにある中宮寺《ちゅうぐうじ》に残されています。

【三宝】三宝とは仏・法・僧、つまり仏と、仏が説いた教えと教えを伝える僧のこと。

教えの特徴

万善同帰《ばんぜんどうき》（どのような些細《ささい》な善行であっても必ず悟りという結果に至る）

この言葉は太子が中心になって帰化系の僧侶と一緒に作ったと推定される『法華義疏』の中に登場するものです。たとえどんなに些細なことでも、よい行いは必ずよい結果をもたらすものだという因果応報《いんがおうほう》の理念を説きました。それは律令制を導入した飛鳥朝において官人たちへの心得でもあったのではと思います。

太子が仏教経典を講説したのは、仏教が社会の中で大事な価値観を提供するものであることを示し、また人々に真面目に働きましょうと暗に諭すためでもありました。

こぼれ話

豊聡耳《とよとみみ》

太子のもとには誓願を述べるために、多くの人が集まってきたといいます。あるとき、10人（8人という伝承も）の人々が一度に自分のお願いを発言しました。太子はそのすべてを一遍に聞き、間違えることなく理解することができたといいます。この故事にちなみ太子は豊聡耳（とよさとみみとも読みます）とも呼ばれるようになりました。豊かな耳を持っているということは、人の話を聞き分けて理解することができるということ。すなわち太子はとても頭がよかったということでしょう。

世《せ》間《けん》虚《こ》仮《け》　唯《ゆい》仏《ぶつ》是《ぜ》真《しん》

この世界のものごとは仮のものであり、仏のみが真実である

解説

私たちは、今、暮らしている世界を当たり前のものとして疑うことはないと思います。しかし、よく考えてみると、この世界は、私たちの感覚器官を通して捉えられた世界に過ぎません。つまり、私たちの心によって仮に作り出されたものと見ることができます。決して絶対のものではありません。このことを太子は「世間虚仮」と表現しました。それに対して、真実の世界は、変わることのない仏の世界のみであると捉えました。すべては作られたものであり、実体のない空《くう》なる世界である。その空なる世界こそが真実の世界であると捉えました。

もっと知りたい方へ文献案内

- 石田尚豊／編『聖徳太子事典』柏書房
- 坂本太郎『聖徳太子』（人物叢書　新装版）吉川弘文館

（執筆者：蓑輪顕量）

日本に初めて本格的に禅定《ぜんじょう》（仏教の瞑想《めいそう》）を紹介

道昭《どうしょう》

（629～700年）

2

出生地　河内《かわち》（大阪府）

宗派　法相宗《ほっそうしゅう》

本山　法興寺《ほうこうじ》（奈良県、現在の元興寺《がんこうじ》）

大事にした経典　不明

著作　不明

こんな人生

俗称は船連《ふねのむらじ》、父は恵釈《えさか》と伝わります。白雉《はくち》4年（653年）または白雉5年（654年）に中国に渡り、玄奘《げんじょう》のもとで学び、日本に初めて法相宗を伝えました。異国の日本から学びに来た道昭は玄奘から目を掛けられ、同じ房内に住んだといいます。また、仏教の大事なところは、学んで知識を得ることよりも、修禅（瞑想を身につけること）にあると教えられ、「禅を学んで東土に伝えるに及ぶものはない」として、道昭は特に禅定*を伝えられました。また「人、よく道を弘《ひろ》む」（人こそが悟りへの道を広めることができる）と玄奘から、『論語』の言葉も授かりました。このようにして、日本に初めて本格的な禅定（禅観《ぜんかん》とも）を伝えました。

道昭は斉明《さいめい》6年（660年）に帰国しますが、帰国の途上、船が進まなくなり、その時、玄奘から譲り受けた、ものを煮ると功《く》徳《どく》があるという鍋を海中に投げ込み、竜王に捧げたところ、船は動き、無事に帰国することができました。帰国後は、法興寺の東南の隅に新しく「禅院」と呼ばれる建物を建立し、ここに住みます。玄奘から授かった経論や仏の遺骨も、ここに置いたことが知られています。そして、当時の仏教徒であるものは皆、道昭から禅を学びました。その後は、各地を転々として、街道筋には井戸を掘り、津になっているところには船を配置し、橋を架けるなど、社会事業に努めました。各地を10年ほど回りますが、天皇から法興寺に帰るよう命じられ、寺に帰ります。最後は坐禅したまま72歳で息を引き取りました。遺言により遺体は飛鳥郊外の粟原《おおばら》（現在の奈良県桜井市粟原）で火葬されました。日本における火葬の最初とされます。

【禅定】仏道修行の一つ。心の働きが静まっていった境地。色界禅、無色界禅と呼ばれる境地を経て最終的にはいかなる心の働きもない境地に至る。ただし、これらは悟りに至るための準備段階と考えられる。

教えの特徴

心の働きを静める

　仏教において大切なものは禅定であるという立場に立ちます。「一度、坐禅を始めると三日に一度、あるいは七日に一度、立ち上がるだけであった」と平安初期の歴史書である『続日本紀《しょくにほんぎ》』にある伝記に紹介されていますが、これは、心の働きを静める瞑想の究極を体得していたことを象徴的に表すものと思われます。心の働きがすべて消失する境地は滅尽《めつじん》定《じょう》と呼ばれますが、道昭は、そのような深い境地に達していました。またその境地に至る過程で、不思議な力（神通力と呼ばれます）が出てくるといわれますが、そのような力も持ったのではと想像されます。

　心を観察し、誰もが持っている煩悩の心を静めることの重要性を説き、また心の働きの観察から、心に生じる働きに支配されないことを説いたと考えられます。

こぼれ話

遺骨にこだわるな

道昭が火葬された後、親族や弟子たちがその遺骨を争って取ろうとしました。すると、突然に風が吹き、道昭の遺骨や灰は吹き飛ばされてしまい、どこに行ったかわからなくなりました。貴い人が亡くなると、その遺骨を大事にしたくなる気持ちが生じますが、本当に大事なものは遺骨ではなく、その人の教えや生き方であるということを道昭が伝えたのかもしれません。遺骨を粗末に扱うことは控えるべきでしょうが、こだわることを戒めたということでしょう。

悟りを得た人は、世の中のために尽くす

解説

悟りを得た人がその後、どうすればよいのかは大事な問題です。ただ悟っただけではよくありません。道昭は、玄奘のもとで禅定を学び、深い境地に達しましたが、その後、日本に帰ってからは、さまざまな社会事業を実践しました。井戸を掘り、船が停泊できるように港湾を整備し、橋を架けました。このように悟りを開いた人が次にすべきことは、世の中のために尽くすこと、慈しみや悲《あわ》れみを人々に施すことでした。道昭はそれを実践したのです。

もっと知りたい方へ文献案内

- 佐久間竜『日本古代僧伝の研究』吉川弘文館

（執筆者：蓑輪顕量）

多くの伝説が残る、謎に包まれた修験道《しゅげんどう》の祖

3

役《えんの》小《お》角《づぬ》

（生没年不詳）

出生地　不詳

宗派　修験道《しゅげんどう》

本山　不明

大事にした経典　不明

著作　不明

こんな人生

頭巾をつけた独特の装束を着て法螺貝《ほらがい》を吹く山伏の姿は、知っている人も多いと思います。山伏は、修験道とよばれる日本独特の山岳信仰の修行者です。役小角は７世紀頃に日本にいたとされ、修験道の祖、山伏の祖として祀《まつ》られている人物で、役《えんの》行者《ぎょうじゃ》、役優婆塞《えんのうばそく》とも呼ばれています。

役小角に関する物語は全国各地に伝わっていますが、そのほとんどは伝説的な内容であるため、正確な生涯はわかっていません。生まれた年も舒明《じょめい》天皇３年（631年）、６年（634年）、天智《てんじ》天皇３年（664年）など、何通りかの説があります。

役小角に関する確かな記録とされるものは、平安時代初期に編纂《へんさん》された歴史書『続日本紀《しょくにほんぎ》』文武《もんむ》天皇３年（699年）５月24日の条です。それによると奈良の葛城山《かつらぎさん》を拠点とする呪術者に「役君《えのきみ》小角」という者がいたが、韓国連広足《からくにのむらじひろたり》という弟子がその呪力をねたんで告げ口をしたために伊豆の島に配流されたとされています。室町時代には、密教の仏である大日如来が変化した姿が役小角であると考えられるようになり、密教の最終目標とされる「即身成仏《そくしんじょうぶつ》」を成し遂げた行者《ぎょうじゃ》（修験道を修行する人）であるとして信仰を集めました。

鎌倉時代に入ると、熊野、金峯山《きんぷせん》、大峯山《おおみねさん》などを中心に修験道の集団が形成され、そこで役小角に関するさまざまな伝説や彫像などが生み出されました。例えば『金峯山秘密伝』という書物には、役小角がこの世にふさわしい神仏を求めて祈ったところ、さまざまな仏や菩薩が目の前に現れたが、最後に現れた青黒い顔の金剛蔵王権現《こんごうざおうごんげん》を金峯山の本尊としたという話が紹介されています。金剛蔵王権現は、現在も奈良県吉野の金峯山寺に祀られています。古代の山林修行者であった役小角は修験道の形成と発展に伴って次第に神格化されるようになりました。

教えの特徴

密教の呪法《しゅほう》を会得し、伝説的な存在として信仰を集める

9世紀前半に成立した仏教説話集『日本霊異記《にほんりょういき》』上巻第二八によれば、役小角は40代の時に苦行の末、密教の呪法である「孔雀明王法《くじゃくみょうおうほう》」を身につけたとされます。孔雀明王とは、孔雀が蛇を食べることから、魔を払うものとして孔雀を神格化した存在です。その孔雀明王を本尊とした孔雀明王法は、請雨《しょうう》（雨乞い）や息災延命などに利益があるとされます。

また、次のような話も伝わっています。役小角が神々に命じて奈良の葛城山と金峯山の間に橋を架けさせようとしたため、困った神々は、葛城山の神である一言主《ひとことぬし》の神を当時の天皇のもとに使いに出し、役行者が謀反を企てていると告げ口させました。天皇は役小角を島流しにしましたが、役小角はそこで海や空を自在に飛び回っていたという話です。金峯山は当時から修験者の修行の場であったため、修行の聖地と役小角の神秘的な面とが結びつけられて、このような話が生まれたのでしょう。

こぼれ話

鬼の夫婦を家来に!?

役小角に関する伝説は数多くありますが、最も有名なものは、生駒《いこま》の山中で悪行を働いていた鬼の夫婦（前鬼《ぜんき》・後鬼《ごき》）を家来とし、さまざまな験力《げんりき》（修行によって得た力）を現したという話です。このエピソードは各地に広まり、後世になると役小角の像を作製する際に、前鬼・後鬼は左右に控えて、それぞれ斧と水瓶を手に持つ姿として定着しました。

型にとらわれず自分の能力を伸ばし、発揮する

解説

役小角は仏教だけでなく、道教系の呪術も身につけ、仙人のような力を発揮していたとも考えられています。弟子にねたまれ島流しにまでなったともいわれていますが、後の修験道の行者たちは、仏教の枠におさまらない役小角の超人的な力を信仰し、崇拝するようになりました。

もっと知りたい方へ文献案内

- 石川知彦・小澤弘／編『図説役行者　修験道と役行者絵巻』（ふくろうの本）河出書房新社
- 藤巻一保『役小角読本』原書房

（執筆者：佐藤もな）

山林修行から民衆救済へ

行《ぎょう》基《き》

（668～749年）

4

出生地　河内《かわち》（大阪府）

宗派　法相宗《ほっそうしゅう》

本山　飛鳥寺《あすかでら》（奈良県）、薬師寺《やくしじ》（奈良県）、高宮寺《こうぐうじ》（滋賀県）、家原寺《えばらじ》（大阪府）、喜光寺《きこうじ》（奈良県）

大事にした経典　『梵網経《ぼんもうきょう》』『瑜伽師地論《ゆがしじろん》』

著作　なし

こんな人生

行基は、天智《てんじ》7年（668年）に河内の大鳥郡で出生し、15歳で出家、その後、持統《じとう》5年（691年）に金剛山の中腹にあった高宮寺の徳光のもとで受戒して比丘《びく》（出家した男性の修行者）となりました。高宮寺は山寺として知られ、行基も山林修行に励んだものと思われますが、同時に、飛鳥寺、及び薬師寺で法相宗の教理の摂取に努めました。主に、入唐して玄奘《げんじょう》に学んだことで知られる道昭に師事したことが伝えられていますが、この仏道修行は慶雲《けいうん》元年（704年）に帰郷するまで続きます。帰郷してからは生家を家原寺としたほか、近隣に大修恵院《だいしゅえいん》を建て、さらにその後、和銅《わどう》5年（712年）まで生母の看病と服喪のために時間を当てました。看病・服喪の期間は生駒山《いこまさん》の仙房に身を寄せましたが、それには母の養老のためだけではなく、行基自身の神仙へのあこがれの気持ちがあったことがうかがわれます。

その後の行基は、すでに49歳となっていましたが、精力的に民間布教や社会事業を行います。橋、用水路、布施屋（旅人の休憩所）などを整備し、また畿内を中心に道場（仏道修行の場）を49ヵ所、設営しました。こうした活動を通して民心を得たこととは裏腹に、朝廷からは警戒され、養老《ようろう》元年（717年）には実名を挙げて糾弾されました。それによりいったんは帰郷したものの、旺盛な活動は止むことはなく、次第に朝廷からの認可を勝ち取っていきました。その最終的な結実が天平《てんぴょう》15年（743年）東大寺の盧舎那仏《るしゃなぶつ》（大仏）造営への行基、及びその弟子たちの参画であり、その2年後の大僧正《だいそうじょう》（僧侶の最高位）任命です。大仏開眼の法要には間に合わず、同21年（749年）、82歳の時に奈良の喜光寺（菅原寺）で亡くなり、生駒山の竹林寺《ちくりんじ》に埋葬されました。鎌倉時代以降、東大寺建立に功のあった者として「四聖《ししょう》」の一人に数えられることになります。

社会事業によって人々を救済する

行基の教えはまずもって社会福利としての布施行《ふせぎょう》が挙げられるでしょう。行基は、行基菩薩とも呼ばれますが、もちろんこれは自称ではなく、行基の活動により救われた人々がそう呼んだものです。布施行は菩薩の「六波羅蜜《ろくはらみつ》*」の一つに数えられますが、行基の場合は、「福田《ふくでん》思想*」を背景に、経典に説かれた範囲を超えた、広範囲にわたる福利活動にその特徴が見られます。先に挙げた他には、船運、水防、灌漑《かんがい》施設の建設などを行いました。こうした社会福祉は、行基が習った道昭にも見られますが、それを引き継ぎさらに拡大させたものと見ることができます。

【六波羅蜜】いわゆる大乗仏教で重要視された、菩薩が行うべきとされる6つの実践のことで、具体的には布施（惜しまず与えること）、持戒《じかい》（戒を守ること）、忍辱《にんにく》（耐え忍ぶこと）、精進《しょうじん》（怠らず勤め励むこと）、禅定《ぜんじょう》（瞑想状態に入ること）、智慧《ちえ》（正しい見解を持つこと）を指します。

【福田思想】仏教の社会福祉を代表する思想で、利他行の実践という種を蒔き、功徳の獲得という収穫を得ること。

こぼれ話

行基は超能力者？

平安初期の仏教説話集『日本霊異記』には、行基にまつわる説話がいくつか収められています。そこでは、行基が子どもの前世を母親に教え諭すことがあれば、膾《なます》をもとの小魚に蘇生《そせい》させることもあります。実は、こうしたある種の超能力はさまざまな仏教経典に見られますが、それは止観行（一般的には、「止」は心の働きを鎮めていくこと、「観」は智慧によって対象を正しく把握すること）による神通力と考えられ、衆生《しゅじょう》を教化するにあたっての手段であると見なされています。

行基に学ぶ

山鳥のほろほろと鳴く声聞けば父かとぞ思ふ母かとぞ思ふ

解説

これは『玉葉《ぎょくよう》和《わ》歌《か》集《しゅう》』に収められている、行基作と伝わる和歌です。真作を疑う向きもありますが、これを行基が、とりわけ帰郷以前に歌ったものだと解釈すると味わい深く、その後の行基の人生を暗示しているかのようです。日々、前半生の仏道修行に励む中で、山鳥の鳴き声が聞こえ、人との関わりが薄い生活にはたと寂しさを感じ、特に老いた母が思い出されます。今の自分の生活は独りよがりではないのか、何のための修行なのだろうか、母を一人にしていいのだろうか、そういった、現代に通じる行基の懊悩《おうのう》が聞こえてきそうです。

もっと知りたい方へ文献案内

- 千田稔『天平の僧　行基　異能僧をめぐる土地と人々』（中公新書）中央公論社
- 井上薫『行基』（人物叢書　新装版）吉川弘文館
- 井上薫／編『行基事典』国書刊行会

（執筆者：伊藤有佑）

渡日にかける深い決意

鑑真《がんじん》

（688～763年）

5

出生地　唐揚州《ようしゅう》（中国江蘇省《こうそしょう》）

宗派　律宗《りっしゅう》

本山　唐招提寺《とうしょうだいじ》（奈良県）

大事にした経典　『四分律《しぶんりつ》』『四分律行事鈔《しぶんりつぎょうじしょう》』『四分律疏《しぶんりつしょ》』

著作　不明

こんな人生

鑑真は、唐暦垂拱《すいきょう》4年（688年）に唐（現在の中国）の揚州江陽県で生まれました。菩薩戒を受戒していた父の影響で早くから仏教に親しみ、長安《ちょうあん》元年（701年）、大雲寺《だいうんじ》にて父が師事する智満《ちまん》のもとで、14歳で出家し、さらに神龍《しんりゅう》元年（705年）、龍興寺に来ていた道岸《どうがん》から菩薩戒を授かります。道岸のもとで2年を過ごした後、都長安に向かい、実際寺で弘景《こうけい》から『四分律』に基づく具《ぐ》足戒《そくかい》を受けました。その後、開元《かいげん》元年（713年）に遊学を終え帰郷することになりますが、それまでに南山《なんざん》律宗、相部《そうぶ》律宗、天台宗を学びました。着々と頭角を現していった鑑真は、栄叡《ようえい》と普《ふ》照《しょう》が日本招来を要請しに訪れる頃までに、「独り秀でて倫《ともがら》なし」と称されるまでになり、霊祐《れいゆう》や曇玭《どんひ》といった渡日後に中国で活躍することになる名僧を弟子としていました。

鑑真が日本に来たのは一度目の計画から10年を経た、天平《てんぴょう》勝宝《しょうほう》5年（753年）になってのことでした。この時の鑑真は66歳を迎えていました。そしてその翌年、ついに東大寺大仏殿前に戒壇《かいだん》を設け、聖武《しょうむ》上皇、孝謙《こうけん》天皇以下多くの人に授戒しました。こうして日本において初めて「三師七証《さんししちしょう》*」による正式な授戒作法が確立することになります。その後、鑑真は同8年（756年）に大僧都《だいそうず》に任命され、その任が解かれた翌年に唐招提寺を建立し、天平宝字《てんぴょうほうじ》7年（763年）、76歳で亡くなるまで過ごしました。寂滅《じゃくめつ》時の様子は、結跏趺坐《けっかふざ》（足の甲を左右それぞれ反対側のももの上に乗せ、足の裏を上に向ける座りかた）をして西面する、菩薩の境地の人にのみ可能な理想的な姿であったと伝えられています。鑑真が日本に伝えたものは授戒作法だけではなく、天台教典や中国の書家・王羲之《おうぎし》の直筆、香料、薬物など多岐にわたりました。

【三師七証】正式に出家するときに必要とされる、3人の師匠と7人の証明者のこと。

教えの特徴

戒律は僧侶の基本

鑑真がもたらした授戒作法は「三師七証」といわれます。これはインドから続く伝統的な授戒方法で、この作法に則《のっと》れば、ある人が受戒しようとすると計10人の資格ある僧侶が必要になります。鑑真招来が要請された当時の日本社会は、重い税金を逃れるために出家する者が後を絶たず、そうした者たちは行基集団に合流して、朝廷からすると大きな懸念材料になっていました。そこで、単に正式な出家集団を形成するという宗教的意味合いだけではなく、出家者を管理・統制するという政治的意味合いを強く持って正しい戒律に精通した人を招くことが期待されました。

最終的に、天平勝宝7年（755年）の東大寺戒壇院設置、及びその6年後の下野《しもつけ》薬師寺、太宰府観世音寺《だざいふかんぜおんじ》の戒壇院設置をもって、制度上の確立を見ることになります。

こぼれ話

鑑真入朝の決め手は聖徳太子だった？

日本招来の要請にあたって、鑑真は、日本は仏教に縁がある国だということで渡航を決意しますが、実は、その根拠の一つに聖徳太子が大きく関わっています。中国天台宗の第二祖に南岳慧思《なんがくえじ》という人物がいますが、聖徳太子はその生まれ変わりだという伝説があります。その聖徳太子が日本における仏教興隆の重要人物だと聞いた鑑真は、日本仏教の隆盛を確信し、「どうして命を惜しもうか」と自ら渡航を約束することになるのです。

鑑真に学ぶ

是《こ》れ法事の為《ため》なり
何ぞ身命《しんみょう》を惜しまん
諸人《もろびと》去《ゆ》かずんば
我れ即《すなわ》ち去かんのみ

解説

これは『鑑真和上東征伝《がんじんわじょうとうせいでん》』という鑑真の伝記中の一節です。栄叡と普照が初めて鑑真のもとを訪ねて招来を要請した場面で、鑑真が弟子たちに誰か渡日に立候補するものはいないかと尋ね、それに誰も応えないのを見て、鑑真が自ら海を渡ることを表明した有名なくだりです。今日では、命を捨ててまで、という考え方はあまり似つかわしいものではありませんが、ありありと表明した言葉の重み、艱難辛苦《かんなんしんく》を乗り越え初志貫徹した一筋の思い。それらに触れると、普段の言動を顧みずにはいられません。

もっと知りたい方へ文献案内

- 東野治之『鑑真』（岩波新書　新赤版）岩波書店
- 安藤更生『鑑真』（人物叢書　新装版）吉川弘文館
- 井上靖『天平の甍』（新潮文庫）新潮社

（執筆者：伊藤有佑）

唐で天台宗を学び、総合的な仏教の確立を目指した

最澄《さいちょう》

（766？～822年）

6

出生地　近江《おうみ》（滋賀県）

宗派　天台宗《てんだいしゅう》

本山　延暦寺《えんりゃくじ》（滋賀県）

大事にした経典　『法華経《ほけきょう》』

著作　『天台法華宗年分学生式《てんだいほっけしゅうねんぶんがくしょうしき》』『守護国界章《しゅごこっかいしょう》』『法華秀句《ほっけしゅうく》』など

こんな人生

最澄は天平神護《てんぴょうじんご》２年（766年）、近江国の三津首《みつのおびと》氏の子として生まれました。延暦《えんりゃく》４年（785年）、20歳の時に奈良の東大寺で正式な僧侶となります。その後比叡山《ひえいざん》に入り山林修行を志しますが、その際に著された『願文《がんもん》』は、自らを「愚が中の極愚《ごくぐ》」（愚かな中でも最も愚か）と表現するなど、強い反省と修行への決意を示したことで知られています。

延暦《えんりゃく》23年（804年）、最澄は「入唐請益天台法華宗還学生《にっとうしょうやくてんだいほっけしゅうげんがくしょう》」として遣唐使船で入唐し、台州で天台教学や牛頭禅《ごずぜん》、越州で密教などを学びます。同24年（805年）に帰国した最澄は、中国で学んだ「天台法華宗」を日本に広めるため、唐から持ち帰った典籍230部460巻の目録を桓武《かんむ》天皇に奏呈《そうてい》し、天台教学の重要性を訴えます。その努力が実り、大同《だいどう》元年（806年）には公式に定員を定めた出家者（年分度者《ねんぶんどしゃ》）の中に天台宗の枠が加えられ、日本において正式に、天台宗が仏教の一宗として認められることになりました。

その後の最澄は天台教学の充実と人材育成に力を注ぎ、会津に住む法相宗の学僧（勉学を主に行っていた僧）である徳一《とくいつ》と教学上の激しい論争（「三一権実論争《さんいちごんじつろんそう》」）を繰り広げ、『守護国界章』などの著作を残しました。また、天台宗の僧侶を比叡山で育成するため、それまでの日本には無かった、大乗仏教の戒律（大乗戒）を天台宗の僧侶に授けるという新しい構想を書状（『山家学生《さんげがくしょう》式《しき》』）で訴えました。最澄の悲願がかなって、大乗戒による比叡山での独立した授戒が認められ、大乗戒壇の設置が公認されたのは弘仁《こうにん》13年（822年）６月11日、最澄の没後７日後のことでした。

教えの特徴

法華経を中心とした総合的な仏教体系を目指す

天台宗は『法華経』を最も重要な経典とし、「悉有仏性《しつうぶっしょう》」、つまりすべての人が仏になる本質（仏性）を持っていると考えます。その本質を育てて仏になるためにはさまざまな教えや方法がありますが、他の経典では仏になれないと考えられている人々でも、法華経の教えであれば仏になることが可能であり、法華経の教えだけが唯一、万民を悟りの岸に導く乗り物（一乗）であり、教えであると考えます。

最澄はこのような天台教学の他、密教や瞑想《めいそう》（止観《しかん》）などの考え方も取り入れ、さまざまな要素を持つ総合的な仏教体系の構築を目指しました。また、法然、日蓮、栄西、道元らは、皆若い頃に比叡山で天台教学を学んでいます。最澄が築いた教えは、現在の日本にあるさまざまな仏教の教えの源《みなもと》となりました。

こぼれ話

空海と最澄、その交流と断絶

最澄が帰国した翌年の大同元年（806年）に空海も帰国し、唐から大量の密教典籍を持ち帰りました。最澄は空海に丁重な手紙を送り、空海が持ち帰った文献を借りて密教を学びました。しかし、その後、最澄の弟子だった泰範《たいはん》が最澄から離れて空海のもとに行ってしまったことや、『理趣釈経《りしゅしゃくきょう》』という文献を借りることを空海が厳しく断ったことなどから２人の関係は冷えていき、弘仁８年（817年）以降、交流は途絶えてしまいました。

仏道を求める心は宝であり、そのような心を持つ人は国の宝である

解説

最澄が天台宗の年分度者について述べた『天台法華宗年分学生式』の冒頭の言葉です。最も貴重な宝物は宝石やお金などの物質的なものではなく、真実を求めようとする志そのものだと最澄は主張しています。そして、そのような正しく清らかな心を持つ人こそが国の宝であると考えました。物質的な豊かさよりも精神的な清らかさ、豊かさ、正しさを大切にすべきであるという考えは、現代にも通じるものではないでしょうか。

もっと知りたい方へ文献案内

- 田村晃祐『最澄』（人物叢書　新装版）吉川弘文館
- 大久保良峻／編『山家の大師　最澄』（日本の名僧３）吉川弘文館
- 大久保良峻『伝教大師　最澄』法藏館
- 高木訷元『空海と最澄の手紙』法藏館

（執筆者：佐藤もな）

東国で仏教を布教し、最澄と論戦を繰り広げた僧侶

7

徳一《とくいつ》

（生没年不詳）

出生地　不詳

宗派　法相宗《ほっそうしゅう》

本山　東大寺《とうだいじ》（奈良県）

大事にした経典　『解深密経《げしんみっきょう》』

著作　『真言宗未決文《しんごんしゅうみけつもん》』など

こんな人生

徳一は奈良時代の終わりから平安時代の初めに活躍したといわれています。現在の奈良県奈良市あたりの寺院で、特に法相宗という仏教の分野について学んでいたようです。一説では東大寺や興福寺で学んでいたとされています。

その後、場所を移して陸奥国《むつのくに》の会津、現在の福島県あたりに赴《おもむ》きます。そこを拠点に、東国と呼ばれる現在の関東や東北の一部のエリアまで広く仏教を布教していたようです。実際に北関東から東北にかけての寺の一部には、徳一とゆかりのある寺院もあります。徳一が当時、非常に熱心に布教を行っていたことが想像されます。

同時代の仏教者である最澄や空海とも交流がありました。最澄は天台宗の僧侶であり、徳一は法相宗の僧侶です。２人はそれぞれの立場の違いから、５年にわたる大変長い期間、仏教の理解について問答や批判を繰り広げます。それを「三一権実論《さんいちごんじつろん》争《そう》」といいます。このような大論争が繰り広げられたのは仏教史上で大変に稀《まれ》です。空海には『真言宗未決文』を提示し、その中で真言宗の考えに対して11個の疑問を投げかけています。空海に投げかけた疑問は、最澄とのやりとりとは異なり、大きな論争になることはありませんでした。

教えの特徴

批判的精神と広大な知識

徳一はその人生を通じて、仏教を理解するために法相宗以外の学派に対して批判を行っていきます。真言宗や天台宗に対してだけでなく、当時存在していた華厳学派の人々に対しても疑問を呈し、批判を行っていました。例えば、徳一は『真言宗未決文』の中で、空海に対して批判を行っています。空海は、これまでの思想とは全く違った新しい「即身成仏《そくしんじょうぶつ》」という思想を打ち立てます。そこでは、すぐに成仏することができると主張しますが、徳一は、仏道修行は長く厳しいものであるから、即身成仏はできないのだと批判します。

空海の新たな主張に対して、的確に批判を行うことができたのは、仏教に対する確かな知識があったからこそといえるでしょう。

こぼれ話

実は名門の生まれ？

徳一の出自についてはさまざまな伝承がありますが、伝記では藤原仲麻呂《ふじわらのなかまろ》の子とされています。仲麻呂は奈良時代の政治家で、恵美押勝《えみのおしかつ》の称号を得た人物です。日本史上では、藤原仲麻呂の乱（恵美押勝の乱とも）として名前を残しています。実は父親である恵美押勝が起こした事件のために配流されたのではないかという伝説もあり、徳一が東国で布教を行っていたことに関係しているともいわれています。

自分の選んだことは、覚悟を持って臨むべし

解説

「正しい教えを謗《そし》り、無間地獄に堕ちる結果を招くことを恐れるとしても、ただ教えの疑問点を解決して理解し、ひたすらに信じて、ただその根本を学びたいだけである」。これは徳一が『真言宗未決文』の中で、仏法に疑問をぶつけることは自分の仏教の理解を深めるためだ、ということを述べたものです。仏教には、仏の教えを批難したら、地獄に落ちるという考えがあります。この言葉は、徳一が地獄に落ちることを覚悟して、自分の学びを深めることを宣言したものです。

もっと知りたい方へ文献案内

- 田村晃祐／編『徳一論叢』国書刊行会
- 師茂樹『最澄と徳一　仏教史上最大の対決』（岩波新書）岩波書店

（執筆者：赤塚智弥）

真言宗の開祖にして、さまざまな伝説を日本各地に残す傑僧

空海《くうかい》

（774～835年）

8

出生地　讃岐《さぬき》（香川県）

宗派　真言宗《しんごんしゅう》

本山　金剛峯寺《こんごうぶじ》（和歌山県）、東寺《とうじ》（京都府）

大事にした経典　『大日経《だいにちきょう》』『金剛頂経《こんごうちょうきょう》』

著作　『三教指帰《さんごうしいき》』『秘密曼荼羅十住心論《ひみつまんだらじゅうじゅうしんろん》』『声字実相義《しょうじじっそうぎ》』『性霊集《しょうりょうしゅう》』など

こんな人生

空海は平安時代初期に活躍した僧侶で、真言宗の開祖です。幼い頃の名前を佐伯真魚《さえきのまお》といいました。14歳頃に、讃岐国を去り、平城京へと上ります。都では叔父にあたる阿刀大足《あとのおおたり》のもとで勉学に励み、その後山林修行を行います。出家しようとした空海ですが、親族に反対されます。そこで、出家を宣言した『聾《ろう》瞽指帰《こしいき》』（後に『三教指帰』と改題）を著しました。出家後は、名前を変えて空海と名乗るようになりました。

その後空海は入唐し、そこで密教の師である恵果《けいか》和尚と出会います。恵果から密教の奥義と遍照金剛《へんじょうこんごう》の名前を授かります。真言宗では「南無大師遍照金剛」ととなえ、空海に帰依します。

唐から日本に帰ってきた空海は、密教の儀礼を行う中で嵯峨《さが》天皇からの庇護《ひご》を受けるようになります。そして、京都の東寺を与えられ、真言宗の根本道場として、現在も残る講堂・立体《りったい》曼荼羅《まんだら》*が作られることになります。この立体曼荼羅は、空海の密教観を表現したもので、仏の世界を平面的な絵画ではなく、立体的な仏像群を用いて表現したものです。また、高野山に金剛峯寺を開基します。帰唐後に、最澄と交流を持つようになると、空海は最澄の密教における師となりました。長年交流を持ちましたが、教えの授受や弟子について問題が生じ決別します。

空海は教育にも力を入れており、東寺の近くに綜芸種智院《しゅげいしゅちいん》をつくり、庶民を対象とした教育を行いました。僧侶以外に、書家としても大変有名で、同時代の橘《たちばなの》逸勢《はやなり》や嵯峨天皇とともに三筆《さんぴつ》と称されました。

承和《じょうわ》2年（835年）に62年の生涯に幕を閉じた空海は後に生前の活躍が評価され、「弘法大師《こうぼうだいし》」という諡号《しごう》を天皇から贈られました。

【曼荼羅】さまざまな経典などに基づいて、密教に存在する尊格を安置したり、描いたもの。またその配置図のこと。

教えの特徴

真言密教こそ最高の教え

空海は真言宗の宗祖として知られています。その中で空海は真言密教の教えがこれまでの仏教の中で最上の教えであると位置づけます。この内容については、『秘密曼荼羅十住心論』という書物の中に具体的に記されています。そこでは人の心を10段階に分け、その最上の段階である10番目の境地に真言密教を置きます。また、大日如来《だいにちにょらい》という仏様を中心とした世界を表す曼荼羅を真言宗の世界観として、修行の際に用いました。

真言宗では、仏様の悟りの世界に達するために、自分が仏になっていることを観想*してそのまま悟りの世界に到達することができるとしています。

【観想】特定の対象に向けて心を集中し、その姿や性質を観察すること。

こぼれ話

日本各地の弘法大師伝説

北海道を除いて日本各地には空海が見つけたとされる温泉や、その他空海にまつわる伝説が数多く残されています。高野山を見つけるきっかけとなった「三鈷《さんこ》の松《まつ》*」の伝説やイロハ歌の作者が空海であるということなど、空海への信仰から生まれた伝説もあります。日本各地に空海にまつわる伝説が残されていることから、当時の人々の空海への信仰心のあつさをうかがい知ることができます。

【三鈷の松】空海が密教を広めるのにふさわしい場所を求めて、留学中の唐から三鈷（仏教の法具）を投げました。その三鈷が今の高野山にある松に引っかかっていたのを発見し、高野山に金剛峯寺を開山しました。

虚空《こくう》尽《つ》き衆生《しゅじょう》尽き涅槃《ねはん》尽きなば我が願いも尽きなん

解説

この文は、「宇宙が無くなり、衆生（命あるすべてのもの）の悩みや苦しみが無くなり、仏教の最上の境地の涅槃もなくなれば、私の願いもなくなるだろう」と解釈することができます。この一文から空海自身の仏教者としての覚悟を感じることができます。空海の挙げた言葉のそれぞれが無くなるまで、すべてを救済するという決意が表れています。伝説を通じて現れる空海の様相とは異なり、救済を願う仏教者としての温かさがわかるでしょう。

もっと知りたい方へ文献案内

- 松長有慶『高野山』（岩波新書）岩波書店
- ひろさちや『空海入門』（中公文庫）中央公論新社
- 武内孝善『弘法大師　伝承と史実　絵伝を読み解く』朱鷺書房

（執筆者：赤塚智弥）

師の遺志を受け継いで、入唐し王難を乗り越えた求法僧

円仁《えんにん》

（794～864年）

9

出生地　下野《しもつけ》（栃木県）

宗派　天台宗《てんだいしゅう》

本山　延暦寺《えんりゃくじ》（滋賀県）

大事にした経典　『法華経《ほけきょう》』『金剛頂経《こんごうちょうきょう》』『蘇悉地経《そしつじきょう》』

著作　『入唐求法巡礼行記《にっとうぐほうじゅんれいこうき》』『顕揚大戒論《けんようだいかいろん》』など

こんな人生

円仁は延暦《えんりゃく》13年（794年）、下野国都賀郡《つがぐん》に生まれました。９歳の時、栃木県で出家。大同《だいどう》３年（808年）、15歳で比叡山《ひえいざん》に上り最澄に師事し、主に天台宗の根本聖典『摩訶止観《まかしかん》』を教わります。弘仁《こうにん》７年（816年）に最澄から円頓《えんどん》菩薩戒を受けます。同13年（822年）に師最澄が亡くなりますが、同年に師の悲願であった大乗戒壇*の勅許が下り、翌年には大乗戒の授戒式で教授師を務めます。まもなく最澄の定めた12年間の籠山行《ろうざんぎょう》に入りましたが、天長《てんちょう》５年（828年）山内の僧侶らの要請を受けてこれを中断。比叡山を出て、弘法《ぐほう》（仏の教えを世間に広めること）に努めました。

承和《じょうわ》２年（835年）入唐請益僧《しょうやくそう》（短期の留学僧）として第17次遣唐使に選ばれます。同５年（838年）唐の揚州海陵《ようしゅうかいりょう》県に到着。揚州開元寺《かいげんじ》では経典の書写収集や、金剛界の伝法灌頂《でんぽうかんじょう》（秘法を伝え、受け継ぐための儀式）を受けるなど修学に励みました。唐の開成《かいせい》５年（840年）には五大山を巡礼する傍ら天台関係の経論の書写に努めました。同年８月に長安に到着し、以降５年間に金剛界や胎蔵界《たいぞうかい》、蘇悉地の大法を授かるなど密教の修学に励みました。しかし、会昌《かいしょう》２年（842年）から仏教の弾圧が始まり、同５年（845年）長安を脱出。承和《じょうわ》14年（847年）帰国を果たします。その時、約400部の密教典籍を含む548部802巻を持ち帰ります。９年３ヶ月に及ぶ求法の旅の記録が『入唐求法巡礼行記』です。嘉祥《かしょう》元年（848年）比叡山に帰山し、伝灯大法師位《でんとうだいほうしい》を授かります。斉衡《さいこう》元年（854年）には延暦寺第３世座主《ざす》となり、唐で学んだ密教知識をいかし天台密教の確立に尽力。貞観《じょうがん》６年（864年）、71歳で亡くなりました。

【大乗戒壇】大乗仏教の菩薩戒《ぼさつかい》を授ける場所のこと。小乗仏教の具足戒《ぐそくかい》と比べて簡潔で、すべての人々に平等に開放されていることが特徴。

教えの特徴

『大日経』『金剛頂経』『蘇悉地経』の3部こそが密教の神髄

円仁の師匠である最澄は12年間の籠山の修行を設け、大乗戒壇の建立を目指しました。それは、国や人々の平和のためでした。弟子である円仁もこの思想を受け継ぎ、天皇や皇族、貴族への授戒と灌頂《かんじょう》*を推し進めました。

主著の一つ『顕揚大戒論《けんようだいかいろん》』では、大乗戒壇への批判に答え、その意義を明らかにしました。また、『大日経』と並んで密教の根本聖典とされている『金剛頂経』『蘇悉地経』に対して解説書を著し、教えの体系化に努めました。

【灌頂】頭頂に水を灌《そそ》ぎかける密教の儀式。阿闍梨《あじゃり》の位や弟子の資格を授かる際に行われるほか、大日如来などと仏縁を結ぶために行われる。

こぼれ話

異国人を魅了する人柄

唐の会昌２年（842年）から始まった皇帝・武宗《ぶそう》による「会昌の廃仏」（仏教弾圧）では、僧尼の強制還俗（一度出家した者が俗人に戻ること）や仏教典籍の焚書《ふんしょ》（書物を焼き捨てること）の他に、同じ遣唐使で天台宗の円《えん》載《さい》の消息が不明となるなど情勢が緊迫していました。そんな中でも、長安出立の際には大勢の人が見送りに駆けつます。また、円仁は帰路の通過を高官の楊敬之《ようけいし》に助けられ、長安から途中まで同行してくれた新羅人の高官李元佐《りげんさ》とは、別れの際に一晩を語り明かしました。

円仁に学ぶ

苦難であっても本来の目的に適《かな》うならば喜ぶべきだ

解説

長安での求法（仏の教えや悟りの道を求めること）の目的を果たした円仁は、会昌元年（８４１年）以降帰朝を願い出ていましたが許されませんでした。ところが、同５年（８４５年）の「会昌の廃仏」により、還俗しなければ命が危ない事態になり、思いがけない強制帰国のチャンスを得ました。「この難によらなければ帰国の原因はなかった。聖教をもたらして本国に帰国でき、本願に適合するのを喜んでいる」と『入唐求法巡礼行記』で述べています。

もっと知りたい方へ文献案内

- 佐伯有清『円仁』（人物叢書　新装版）吉川弘文館
- エドウィン・O・ライシャワー／著、田村完誓／訳『円仁　唐代中国への旅　『入唐求法巡礼行記』の研究』（講談社学術文庫）講談社

（執筆者：木村和樹）

10

安然《あんねん》

（841～915？年）

天台密教を集大成した比叡山の学僧

出生地　不詳

宗派　天台宗《てんだいしゅう》

本山　延暦寺《えんりゃくじ》（滋賀県）

大事にした経典　『法華経《ほけきょう》』『大日経《だいにちきょう》』『金剛頂経《こんごうちょうきょう》』

著作　『真言宗教時義《しんごんしゅうきょうじぎ》』『胎蔵金剛菩提心義略問答抄《たいぞうこんごうぼだいしんぎりゃくもんどうしょう》』『悉曇蔵《しったんぞう》』など

こんな人生

安然は天台宗における密教（台密）の教えを集大成した人物で、五大院、阿覚大師《あかくだいし》ともよばれています。安然の著作は、後代の天台宗や真言宗などの教学に大きな影響を及ぼしました。出自についてははっきりしておらず、相模国《さがみのくに》、または出羽国《でわのくに》の出身という説や、最澄の親族で近江国《おうみのくに》の出身という説などがあります。

安然は幼い頃に比叡山《ひえいざん》に入って円仁の弟子となり、彼の死後は円仁の弟子である遍昭《へんじょう》につき、遍昭の住していた京都にある元慶寺《がんけい(ぎょう)じ》で修行に励みました。元慶《がんぎょう》８年（884年）には、元慶寺で遍昭のあとを継ぎ、伝法阿闍梨《でんぼうあじゃり》（伝法は仏の教えを伝えること。阿闍梨は密教の指導者）となりました。

貞観《じょうがん》19年（877年）頃には唐に渡るため太宰府に向かいますが、現在の研究では、何らかの理由で実際には唐には行かなかったのではないかと考えられています。晩年は、比叡山の五大院に住して著作活動を行ったといわれていますが、次ページの「こぼれ話」にあるように、安然の生涯は不明な点が多く、謎の多い人物です。

教えの特徴

天台の教えに基づきつつ、独自の密教体系を主張

安然は非常に勉学熱心な僧侶で、仏教の教えと実践の両方に精通していました。教えは、師である円仁の思想を多く受け継いだと考えられています。

安然は密教を天台宗の立場から解釈しつつ、あらゆる教えは究極的には密教であるという「一大円教《いちだいえんぎょう》*論《ろん》」を提唱しました。また、空海が主張した密教の理論を自分の考えに取り入れつつも、空海の教えそのものについては批判し、自分の主張する説こそが「真言宗」だとして『真言宗教時義（教時問答）』四巻を著しました。このタイトルにある「真言宗」とは、空海の密教に対して、安然が正しいと考えた密教の体系を意味します。安然の主張した一大円教論は、後代の天台宗、真言宗の学僧たちに大きな影響を与えました。

【円教】欠けたところのない完全な教え。

こぼれ話

謎と伝説に包まれた生涯

天台宗の重要人物であるにもかかわらず、安然の生涯についてはわかっていないことが多く、さまざまな伝説があります。鎌倉時代に虎関師錬《こかんしれん》により著された日本初の仏教史書である『元亨釈書《げんこうしゃくしょ》』によれば、安然の母親は、明星が自分の懐に入る夢を見て安然を身ごもったといわれています。また、安然の亡くなった年は不明ですが、その原因については京都で賊に襲われたためという説、出羽の岩窟に自らこもって入定《にゅうじょう》したという説、貧困のあまり餓死したという説など、文献によってさまざまに書かれています。

悟る前は、仏、時間、場所などにさまざまな種類や違いがあるように見えるが、悟った後では真実のものが唯一つしかないことがわかる。すべての仏道は究極的には唯一つである

解説

『真言宗教時義』巻一にある言葉です。安然は、密教の教えを説く仏である大日如来こそが唯一の仏であるという考えをもっていました。仏教においていろいろな仏や教えがあるように見えるのは、私たちがまだ悟っていないために大日如来がさまざまな姿をとり、あらゆる場所、時間に現れて教えを説いてくれているからだと安然は考えていました。悩みが解決したり苦しみから解放されたりした時に、初めて物事の全体像や本来の姿が理解できるという考えは、現代にも通じるものがあります。

もっと知りたい方へ文献案内

- 大久保良峻『台密教学の研究』法藏館
- 末木文美士『平安初期仏教思想の研究－安然の思想形成を中心として』春秋社

（執筆者：佐藤もな）

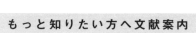

諸国を遊行し、民衆に称名念仏《しょうみょうねんぶつ》を広めた伝説の「阿弥陀聖《あみだひじり》」

空也《くうや》

（903～972年）

11

出生地　不詳

宗派　天台宗《てんだいしゅう》または三論宗《さんろんしゅう》

本山　不明

大事にした経典　不明

著作　なし

こんな人生

空也の出自について書かれている最も古い記録は、空也と同時期に生きていた貴族の源為憲《みなもとのためのり》（生年不詳～1011年）が天延《てんえん》元年（973年）頃に執筆したとされる『空也上人誄《くうやしょうにんるい》』です。それによれば、空也本人は父母について語ったことがなく、周囲の人たちは、空也が皇族の出身ではないかと噂していたそうです。鎌倉時代初期の説話集『宇治拾遺物語《うじしゅういものがたり》』など、いくつかの文献には天台座主《ざす》の余慶《よけい(よきょう)》が空也の曲がった腕を祈祷《きとう》で治したという説話が載っています。また、鞍馬山で動物たちに守られながら育ったという伝説もあります。

20代になった空也は尾張国《おわりのくに》（愛知県）の国分寺で得度し、以後、自分で「空也」と名乗るようになりました。その後、播磨国《はりまのくに》（兵庫県）の峯合寺《みねあいでら》で一切経《いっさいきょう》*を閲覧し、勉学に励みました。称名念仏（仏の名を声に出してとなえること）の教えもこの頃に学んだと考えられています。それからは紀伊地方や奥州などの各地を旅し、修行や人々の教化に励みました。京都に戻ったのは天慶《てんぎょう》２、３年（939、940年）頃といわれています。天暦《てんりゃく》２年（948年）、46歳の時に比叡山《ひえいざん》で正式に受戒し、光勝《こうしょう》という名を授かりました。

60歳を超えた頃、空也は京都の西光寺《さいこうじ》（現在の六波羅蜜寺《ろくはらみつじ》）に移り住みました。極楽往生を願いつつ余生を過ごし、天禄《てんろく》３年（972年）に70歳で生涯を閉じました。

【一切経】仏が説いたとされる教えを文字としたものを経、教団の規律を律、後世の人物が経典や律法について解釈し広めたものを論といい、この経・律・論に、それらの注釈書などを含め、集めたもの。「大蔵経」ともいう。

教えの特徴

称名念仏を民間に広めた立役者

「南無阿弥陀仏」ととなえる称名念仏といえば鎌倉時代の法然や親鸞が広めたことで有名ですが、空也はそれより300年近く前の平安時代に、初めて民間に広く称名念仏を伝えた僧侶です。「一たびも南無阿弥陀仏といふ人の　蓮のうへにのぼらぬはなし」（一回でも「南無阿弥陀仏」ととなえる人は、極楽浄土の蓮のところまで必ず上ることができる）という和歌を作り、念仏をとなえながら京都の町中を歩き回ったことから、「市聖《いちのひじり》」、「阿弥陀聖」などともよばれます。

また、空也は国家安泰・鎮災などの利益があるといわれる『大般若経』600巻を紺紙《こんし》（紺色に染めた紙）に金泥《こんでい》で写経するという大事業も行いました。応和《おうわ》3年（963年）に全巻完成した際には鴨川に仏殿を建て、数百人の高僧を招き、盛大な供養の法会《ほうえ》を行いました。この『大般若経』写経事業は、空也の生涯の中でも最も大規模で華やかな業績です。

こぼれ話

念仏行、乞食行以外の一面も

空也といえば、鎌倉時代に康勝《こうしょう》が作った有名な空也上人像の、粗末な身なりをして町中で念仏をとなえるというイメージが強いですが、実はそれだけではなく、仏像を制作するという別の一面もありました。天暦5年（951年）、空也49歳の時に都で疫病が流行したため、空也は自ら十一面観音像、四天王像等を刻んで呪法を行いました。これらの像は今も、かつて空也が住した京都の六波羅蜜寺に残されています。

信じることを貫く。その姿から人は影響を受ける

解説

鎌倉時代に「踊り念仏」を広めた一遍は空也に共感し、空也を自分の先達《せんだつ》と考えていたといわれます。念仏を民間に広めた空也の生きかたが、称名念仏の先駆者として当時や後世の人々に与えた影響は非常に大きいものがあります。

もっと知りたい方へ文献案内

- 石井義長『空也上人の研究　その行業と思想』法藏館
- 伊藤唯真／編『浄土の聖者　空也』（日本の名僧5）吉川弘文館

（執筆者：佐藤もな）

自力で出世して、比叡山《ひえいざん》の復興を導いた高僧

12

良源《りょうげん》

（912～985年）

出生地　近江《おうみ》（滋賀県）

宗派　天台宗《てんだいしゅう》

本山　延暦寺《えんりゃくじ》（滋賀県）

大事にした経典　『観無量寿経《かんむりょうじゅきょう》』『法華経《ほけきょう》』

著作　『極楽浄土九品往生義《ごくらくじょうどくぼんおうじょうぎ》』『御遺告《ごゆいごう》』など

こんな人生

良源は延喜《えんぎ》12年（912年）、近江国浅井郡《あざいぐん》に生まれました。12歳で比叡山に入り、西塔《さいとう》（比叡山延暦寺の三塔の一つ）の理仙《りせん》に師事し、延長《えんちょう》６年（928年）、戒を受け、正式な僧侶になります。家の地位も高くなく、財力もそう豊かでなく、悲運に師匠理仙も早くに亡くなって、山の中での位置が不安定だった良源でしたが、彼には学問においてたぐいまれな才能がありました。特に論義、つまり経論の意味などについて問答を行う場での彼の卓越さは、群を抜いていました。承平《じょうへい》７年（937年）、権威ある法会《ほうえ》の一つであった興福寺維摩会《ゆいまえ》の論義の場で、その実力を存分に発揮したことがきっかけとなり、皇室の外戚《がいせき》として当時第一の権力者であった藤原忠平《ふじわらのただひら》・師輔《もろすけ》父子の後援を得るようになります。師輔の支援のもと、良源は荒廃した円仁の名跡地横川《よかわ》を復興させ、円仁門徒の支持を取りつけます。抜群の学識、心強い後援者、そして優れた政治的感覚と行政力を持っていた良源は、東宮護持僧《ごじそう》、阿闍梨《あじゃり》、内供奉《ないぐぶ》、権律師《ごんのりっし》という僧職を経て、康《こう》保《ほう》３年（966年）には55歳という若さで第18代天台座主《ざす》まで上ります。亡くなる４年前の天元《てんげん》４年（981年）には、奈良朝の行《ぎょう》基《き》以来の大僧正《だいそうじょう》にまで栄進します。寛和《かんな》元年（985年）正月３日、74歳で入寂《にゅうじゃく》し、没後２年、一条天皇より慈慧《じえ》の諡号《しごう》を賜りました。

良源は天台座主として、大火災で焼失した堂舎の再建、学問の奨励、綱紀粛正《こうきしゅくせい》（規律を正すこと）など、比叡山延暦寺復興の事業を完遂し、源信《げんしん》をはじめ多くの名僧を育てた業績で比叡山中興の祖と評価されます。一方で、宗派の中興のために権力者の支援を受ける過程で、山上を世俗化したと非難されることもあります。

教えの特徴

議論を通じてこそ真の仏教が生まれる

良源が叡山の中興において一番重視したことは「学問の奨励」です。天台座主就任早々に、宗祖最澄の忌日に行われる法華会で論義形式の口頭試験を受ける僧職を作り、叡山全体の習学意欲を向上させました。そして翌年からは、横川の自房定心房《じょうしんぼう》において春夏二季に論義の練習を行い、さらには四季の講会を作って、春には『華厳経』、夏には『涅槃経《ねはんぎょう》』、秋には『法華経』、冬には隔年で『大集経《だいじっきょう》』と『大品経』を修学させました。また人事においては、学問研究をする学究派の僧侶にはなるべく他の仕事をさせないように配慮しました。

このような環境のもとで比叡山横川では源信をはじめ、数多くの学匠《がくしょう》が輩出されました。最後の遺言においても自分の遺産の一定部分を講学の費用に指定し、自分の周忌には必ず論義を行うよう示していました。論義こそ良源の本業であり、論義によって生じる功徳《くどく》をすべての衆生《しゅじょう》に差し向けるのが彼の菩薩行だったのです。

こぼれ話

疫病退散の角大師《つのだいし》

２本の角の生えた黒い鬼の姿を刷った角大師の護符（お札《ふだ》）を見たことがありますか？　そのモデルは他でもなく良源です。ある日、良源は疫病神に襲われます。「逃れられない因縁ならしかたない」と自分の指の先を疫病神に差し出したところ、全身に激痛が走り、高熱を発しました。しかし良源は法力で疫病神を退散させました。疫病の苦痛を体験した良源は、疫病に苦しむ人々のために自ら鏡の前で降魔の姿を示現します。その姿を弟子が描き、それをお札にしたのが角大師の護符なのです。

一生懸命に真理を求めれば、現世の成就もついてくる

解説

これは『稲幹喩経《とうかんゆきょう》』というお経の中に登場する言葉です。良源は家の地位も高くなく、引き上げてくれる師僧もいなかったにもかかわらず、日夜学業に勤め、すぐれた論義の実力で、当時の権力者のお眼鏡にかなって、出世の道を歩むことになります。宗派の復興のためには権力を求めなければならない現実的な状況と、修行者として高い地位を追求することに対する警戒の間で、確信が持てなかった時に、一生懸命に真理を求めることと現世で出世することは二つではないという言葉に出会って慰労されたと伝えられています。

もっと知りたい方へ文献案内

- 平林盛得『良源』（人物叢書　新装版）吉川弘文館
- 章輝玉・石田瑞麿『浄土仏教の思想　第六巻　新羅の浄土教　空也・良源・源信・良忍』講談社

（執筆者：宋東奎）

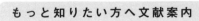

13

源信《げんしん》

（942～1017年）

『往生要集《おうじょうようしゅう》』を著して、日本浄土教の基盤を作り、中国にまで知られた高僧

出生地　大和《やまと》（奈良県）

宗派　天台宗《てんだいしゅう》

本山　延暦寺《えんりゃくじ》（滋賀県）

大事にした経典　『無量寿経《むりょうじゅきょう》』『観無量寿経《かんむりょうじゅきょう》』『阿弥陀経《あみだきょう》』『法華経《ほけきょう》』『観仏三昧《かんぶつざんまい》海経《かいきょう》』など

著作　『因明論疏四相違略註釈《いんみょうろんしょしそういりゃくちゅうしゃく》』『阿弥陀仏白毫観《あみだぶつびゃくごうかん》』『往生要集《おうじょうようしゅう》』『二十五三《にじゅうござん》昧式《まいしき》』『二十五三昧起請《にじゅうござんまいきしょう》』『大乗対倶舎抄《だいじょうたいくしゃしょう》』『一乗要決《いちじょうようけつ》』『阿弥陀経略《あみだきょうりゃっ》記《き》』『倶舎論頌疏正文《くしゃろんじゅしょしょうもん》』など

こんな人生

源信は天慶《てんぎょう》5年（942年）、大和国葛下郡当麻《かずらきのしもぐんたいま》（北葛城郡当麻町）に生まれました。9歳の時、霊夢を見て比叡山《ひえいざん》延暦寺横川《よかわ》*に入山したといいます。叡山中興の祖と称される良源《りょうげん》に師事して、学問修行に励みました。師の良源のように論義（経論の意味などについて問答を行うこと）に頭角を現して、学僧としてエリートコースを歩み、宮中の論義にまで招かれて活躍しました。しかし、世俗的な成功ではなく、聖人になれという母親の訓戒で目が覚め、出世の道から離れて学問と実践に専念することになります。横川恵心院《えしんいん》に隠遁《いんとん》（俗世間を逃れて隠れ住むこと）して修行と著述に励みましたので、横川僧都《そうず》、恵心僧都ともよばれました。

因明《いんみょう》（仏教論理学）、倶舎《くしゃ》、天台、浄土など幅広い分野に関する数多くの書物を著し、比叡山天台宗の学問は大きな飛躍を遂げます。そのうち、浄土信仰の指針書として、極楽往生に関する要文を集めた『往生要集』は、日本の浄土教史において一線を画しただけでなく、中国にまで伝わり、大きな反響を得ました。また『往生要集』を基盤とする念仏結社集団、「二十五三昧会《にじゅうござんまいかい》」が結成されますが、源信は『二十五三昧式』、『二十五三昧起請』などを作って、この組織を指導しました。中国との交流にも先頭に立ち、因明に関する自らの著作を中国法相宗《ほっそうしゅう》に数回送って評価を求めたり、日本天台を代表して中国天台宗山家派《さんげは》の首長である四明智礼《しめいちれい》に二十七条の質問を送って返事を受けたりしました。一生出世の道から離れて学問と実践だけに精進した源信は多くの人々から尊敬され、寛仁《かんにん》元年（1017年）、76歳で亡くなりました。

【横川】比叡山延暦寺の三塔（東塔・西塔・横川）の一つ。三塔の中では最も北に位置する。

教えの特徴

浄土往生のための具体的な実践方法を提示

源信は因明、倶舎、天台など多岐の分野にわたって卓越した著作を残していますが、世に最も広く知られた代表作は断然『往生要集』です。浄土信仰に関する要文を集めた『往生要集』の重要な特徴の一つは、実践のために書かれた本であるということです。本の中には、阿弥陀仏の相好《そうごう》（身体的特徴）を一つ一つ観想する別相観《べっそうかん》、普遍的真理そのものとして阿弥陀仏を観想する惣相観《そうそうかん》、仏の白毫《びゃくごう》＊から出てくる光明を観想する雑略観《ぞうりゃくかん》、称名念仏《しょうみょうねんぶつ》（仏の名を声に出してとなえる行法）などが提示され、機根《きこん》（宗教的資質、修行しうる能力のこと）による多様な修行法が記されています。また、集中修行や臨終に近い人のための実践方法についても詳しく書かれています。『往生要集』は、念仏が流行っていた当代に大きな影響を及ぼし、後代の日本浄土教の基盤となりました。

【白毫】仏の眉間の上に生えているとされる白く長く柔らかい巻き毛。

こぼれ話

出世僧ではなく、聖人になることを願った源信の母親

格式高い宮中の論義に招かれて活躍した源信は、賜り物を故郷の母親に送りました。しかし母親からの返事には、「そなたの心遣い、ありがたくいただきました。学僧として立派な法会《ほうえ》に参加したことは、お喜び申します。しかし、このような華やかな出世の道は私がそなたを仏門に入れた本意とたがうものです。学問修行に精進して衆生《しゅじょう》を救う聖人になることを願ったのです」と書かれていました。源信はこの手紙に涙を流し、「仰せに随《したが》い、山籠《やまご》もりして、きっと聖人となりましょう」と誓ったといいます。

謗《そし》りを生ずるのもまたこれ結縁《けちえん》なり

解説

これは『往生要集』の最後の部分に登場する言葉です。源信は悟りを得るまでの多様な道を全部尊重して、広い心で、相手を受け入れる態度を取ります。自分が誹謗《ひぼう》されようが称賛されようが、一天の下、一法の中、結局、皆同じ道を追求する仏弟子という同志意識が基になっているからです。源信は続けてこう言います。「わたしがもし悟りを得るならば、願わくは、かれを導き摂《おさ》めよう。かれがもし悟りを得るならば、願わくは、わたしを導き摂めていただきたい。こうして菩提に至るまで、互に師弟となろう」と。

もっと知りたい方へ文献案内

- 速水侑『源信』（人物叢書　新装版）吉川弘文館
- 八木昊恵『恵心教学の基礎的研究』永田文昌堂
- 八木昊恵『恵心教学史の総合的研究』永田文昌堂

（執筆者：宋東奎）

東大寺を再建した大勧進《だいかんじき》

重源《ちょうげん》

（1121～1206年）

14

出生地　不詳

宗派　華厳宗《けごんしゅう》

本山　東大寺《とうだいじ》（奈良県）

大事にした経典　不明

著作　『南無阿弥陀仏作善集《なむあみだぶつさぜんしゅう》』

こんな人生

紀氏《きうじ》の紀季重《きのすえしげ》の子として誕生。幼名は重定《しげさだ》。長承《ちょうしょう》２年（1133年）、真言宗の醍醐寺《だいごじ》に入り出家し、後に法然に師事し、浄土教を学びました。その後、大峯《おおみね》、熊野《くまの》、御嵩《みたけ》、葛城《かつらぎ》などの各地の山岳地域を訪れ、山林修行を行いました。また、自ら「入唐三度聖《にっとうさんどしょう》人《にん》」と称したように、三度、南宋を訪れています。最初の渡宋は仁安《にんあん》２年（1167年）で、宋の地で栄西に会い、天台山の国清寺《こくせいじ》や阿育王寺《あいくおうじ》を訪れました。

治承《じしょう》４年（1180年）、奈良の諸寺院は、平重衡《たいらのしげひら》による治承《じしょう》の乱によって焼失してしまいましたが、重源は東大寺の復興を、後《ご》白河《しらかわ》法皇の使者で南都に来た藤原行隆《ふじわらのゆきたか》に進言します。翌、養和《ようわ》元年（1181年）、東大寺勧進職《かんじんしき》に就任し、すでに61歳という高齢になっていたものの東大寺の復興に尽力しました。大仏殿の復興を祈願するために伊勢神宮にも参詣《さんけい》しました。また、当時、大仏殿の柱となる材木が手に入らず、全国を探し、周防国《すおうのくに》（山口県）に良材を見出します。重源は、その材木を切り出す人々のために石風呂を作ったことが知られています（現存し、今も使用されています）。建久《けんきゅう》元年（1190年）には法然を東大寺に招き、「浄土三部経」の講義を開きました。また、周防国に阿弥陀寺、播磨国《はりまのくに》（兵庫県）に浄土寺、伊賀国（三重県）に新大仏寺を建立しました。

そのほかにも備前国《びぜんのくに》（岡山県）の船坂山《ふなさかやま》を開き、播磨国の港、魚住泊《うおずみのとまり》を修築し、また摂津国《せっつのくに》（大阪府）においては渡辺橋や長柄《ながら》橋《ばし》などを架け、さらには行基が作った河内国《かわちのくに》（大阪府）の狭山池《さやまいけ》を改修するなど、社会事業も数多く行いました。建永《けんえい》元年（1206年）東大寺で86歳の生涯を終えます。

教えの特徴

できる限り善行を行おう

「南無阿弥陀仏」と名号《みょうごう》（仏や菩薩の名称）をとなえればすべての者が浄土に往生できるという法然の教えを信奉しました。また当時の人々の間では亡くなった後、閻魔《えんま》様の前に連れて行かれ、裁きを受けるという信仰が広まっていたため、重源は、閻魔様の前で自分の名前を告げる時に、阿弥陀仏の名号をとなえられるようにと工夫し、自分の名前の下に「阿弥陀仏」という号を付けることを推奨しました。

またよき浄土に生まれ変われるように善行を行うことを勧めました。多くの人に善行を積んでもらうことを目指し、東大寺の再建のために、お金を受け取るための柄杓《ひしゃく》を作り、一般の多くの人々に寄付を募りました。このような自ら行った善行を記録したものが『南無阿弥陀仏作善集』です。

こぼれ話

人の名前に阿弥陀仏を付け加えよう

『大原談義聞書鈔《おおはらだんぎききがきしょう》』の中に、この国の道俗（僧侶と俗人）の男女は、亡くなった時に閻魔王の前に連れて行かれて裁きを受けるが、仏の名前をとなえれば救われるので、必ず仏の名がとなえられるように、自分の名前の後に「阿弥陀仏」と付けようと重源が主張したことが伝えられています。そして自分の名前は「南無阿弥陀仏」としました。ここから自らの法号（仏門に入った者に授けられる名称）に「阿弥陀仏」と付ける習慣が成立しました。

重源に学ぶ

神仏への誓願と神仏による加護、そして自らを律し、工夫がなければ、ものごとは成就しない

解説

東大寺の再建を託され、東大寺勧進職に就任した重源は、まず伊勢神宮にお参りし、再建の祈願をしています。また、多くの人が縁を結び、善行を積み、皆が浄土に往生できるようにと、東大寺再建のための費用を広く庶民に募りました。自ら大きな一輪車を作り車体の右側に天皇の言葉を記した詔書《しょうしょ》を張り、左側に墨書をして募集をしました。また、戒律の中には僧侶がお金に触れてはならないというものがあるため、勧進杓という柄杓を作り、それに銭を入れてもらう方法を考案しました。重源は神仏への祈願と加護を大事にしたのです。

もっと知りたい方へ文献案内

- 小林剛『俊乗房重源の研究』有隣堂
- 下出積與／編『日本史における民衆と宗教』山川出版社
- 中尾堯・今井雅晴／編『重源　叡尊　忍性』（日本名僧論集　第五巻）吉川弘文館

（執筆者：蓑輪顕量）

日本中世禅の謎めいた先駆者

15

大日《だいにち》(房《ぼう》)能忍《のうにん》

（生没年不詳）

出生地　筑前《ちくぜん》(福岡県)

宗派　臨済宗《りんざいしゅう》

本山　三宝寺《さんぼうじ》(大阪府、現在は廃寺)

大事にした経典　『潙山警策《いさんきょうさく》』『伝心法要《でんしんほうよう》』『宗鏡録《すぎょうろく》』

著作　『成等正覚論《じょうとうしょうがくろん》』『禅家説《ぜんけせつ》』(仮称)

こんな人生

大日能忍は元は天台僧で、天台宗に伝わる達磨《だるま》三論（『破相論《はそうろん》』『悟性論《ごしょうろん》』『血脈論《けちみゃくろん》』）等の禅文献で学び、師匠を持たずに自身で悟りを開きました（無師独悟《むしどくご》）。師から弟子へ直接教えを伝える師《し》資《し》相承《そうじょう》が大前提である禅の世界では極めて異例なことでした。そのため能忍は文治《ぶんじ》５年（1189年）に、練中《れんちゅう》、勝弁《しょうべん》の２人の弟子を宋の拙庵徳光《せったんとっこう》（公案により大悟に至る看話禅《かんなぜん》の大成者で知られる大《だい》慧《え》宗杲《そうこう》の弟子）のもとに送り、文書で自身の悟りが本物であることを確認してもらい、臨済宗大慧派《だいえは》を受け継ぎ、その証明として、徳光の頂相《ちんぞう》（禅宗の高僧の肖像）と達磨像等を授かりました。やがて、能忍は、摂津水田《せっつすいた》（大阪府吹田市）の三宝寺《さんぼうじ》を拠点として、法を広めました（達磨宗）が、禅宗が盛んになるのを快く思わない延暦寺や興福寺の訴えにより、建久《けんきゅう》５年（1194年）に朝廷より禅宗停止《ぜんしゅうちょうじ》の宣旨《せんじ》（天皇の命を伝える文書）が下されました。失意の能忍はその後まもなく甥《おい》の平景清《たいらのかげきよ》に殺されるという悲劇的な最期を遂げたといわれています。

能忍没後、弟子の覚晏《かくあん》は東山から越前《えちぜん》（福井県）波著寺《はじゃくじ》へ下向し、その後覚晏門下が道元の曹洞宗に集団で移りましたが、一方、三宝寺に残った弟子たちもあり、そこでは中世半ばまで密教を研鑽《けんさん》していたという史料が残っています。また、近年、真《しん》福寺《ぶくじ》（愛知県）の大須文庫を調査したところ、達磨宗関係の新出資料（『禅家説』）が発見され、従来、修行軽視と考えられていた達磨宗が、実は修行を重んじていた一面が明らかになりました。

教えの特徴

万人に適している禅を行えば、誰もが悟りを得られる

能忍の達磨宗では、自分の能力をきちんと理解し、自分に合った修行を行うことをかなり具体的に説いています。修行者の能力を上品および下品の三種（上根《じょうこん》・中根《ちゅうこん》・下根《げこん》）に分けますが、今は末法悪世《まっぽうあくせ》*であり、下根ばかりになっているとし、特に万人に相応する坐禅に励むように勧めました。上品や上根に対しては、その境地を認めながら決して慢心しないように戒め、そして、能力の差があっても、最終的には誰もが同じところに達することができるといっています。

また、公案をつかって古人の心源を理解する修行を説いたり、女性の救済を積極的に行ったり、かなり幅広い階層に、それぞれに合った教えを説いていたことがわかってきています。

【末法悪世】仏の教えがあるものの衰えてしまい、人々が悟ることのできない時代。

こぼれ話

三宝寺のその後

浄土宗正法寺《しょうぼうじ》（京都府）には、三宝寺の関係史料が所蔵されています。正法寺の「伝来記」によれば、応仁の乱を逃れるために三宝寺から正法寺に移されたとのことです。そこには、２人の弟子が宋から持ち帰った大慧宗杲の袈裟と達磨から六祖恵能《えのう》までの６人（達磨、慧可《えか》、僧璨《そうさん》、道信《どうしん》、弘忍《こうにん》、恵能）の舎利《しゃり》（仏の遺骨）容器等があり、能忍没後の三宝寺で、密教の研鑽とともに能忍から受け継いだ禅宗の伝灯を絶やさずに独自の舎利信仰が行われていたことをうかがい知ることができます。

仏の教えが衰えてしまい、人々が悟ることのできない時代、自分の心はそのまま仏である

解説

『成等正覚論』の中に出てくる言葉です。自分の心は大日如来であり、釈迦であり、阿弥陀仏であり、般若経《はんにゃきょう》であり、華厳経《けごんぎょう》や法華経《ほけきょう》でもあり、山や川、地水火風でもあるといい、この心のありように気づくことが仏に他ならないと述べています。これは中国の唐代の作用即性禅《さゆうそくしょう》（今ある自分そのものが仏である）といわれるものと同じと考えてよいでしょう。

もっと知りたい方へ文献案内

- 中尾良信『日本禅宗の伝説と歴史』（歴史文化ライブラリー 189）吉川弘文館

（執筆者：高柳さつき）

第2章

鎌倉～安土桃山時代（中世）

古代の仏教の在り方が最高潮に花開いたのが院政期から鎌倉期にかけての中世初頭の時代です。格式の高い法会《ほうえ》や講《こう》と呼ばれる経典を講説する場が整備され、そこに出仕することを名誉と考える僧侶が出てきました。一方、そのようなあり方に反対した遁《とん》世《せい》の僧が登場します。この遁世の僧が鎌倉時代から少しずつ増えていき、浄土宗や禅宗、法華宗などを形成していきます。この遁世の流れが、仏教界の多数勢力として躍り出るのが、戦国時代以降になります。個人単位で仏教を受容する時代になっていきます。

称名念仏《しょうみょうねんぶつ》一行の実践を説き勧め、浄土宗を開いた高僧

16

法然《ほうねん》

（1133～1212年）

出生地　美作《みまさか》（岡山県）

宗派　浄土宗《じょうどしゅう》

本山　知恩院《ちおんいん》（京都府）

大事にした経典　『無量寿経《むりょうじゅきょう》』『観無量寿経《かんむりょうじゅきょう》』『阿弥陀経《あみだきょう》』『観無量寿経疏《かんむりょうじゅきょうしょ》』

著作　『選択《せんちゃく(じゃく)》本願念仏集《ほんがんねんぶつしゅう》』『黒谷上人語灯録《くろだにしょうにんごとうろく》』（後世における遺文の集成）

こんな人生

法然は、浄土宗の開祖として名高い人物です。長承《ちょうしょう》2年(1133年)、美作国に誕生しました。9歳で父を失い、出家することとなります。15歳(もしくは13歳)の時に比叡山《ひえいざん》へ上って修行に励み、24歳の時には奈良の地への遊学も行いました。しかし、なかなか自身が救われる道を見出せず、すべての経典やその注釈書を5度も読み返したといいます。そして承安《じょうあん》5年(1175年)、43歳の時、中国唐の時代の善導《ぜんどう》が著した『観無量寿経疏』を通して、専修念仏《せんじゅねんぶつ》(他の行をせず、阿弥陀仏の名をとなえるという称名念仏をひたすら実践すること)によって皆が阿弥陀仏のつくった極楽《ごくらく》浄土《じょうど》に往生する(往《い》き生まれる)ことができるという教えをついに見出しました。現在、浄土宗では、この年をもって開宗と見なしています。

以降、京都吉水《よしみず》を拠点として教えを説き広め、54歳の時には、京都大原《おおはら》で諸宗派の学僧を前に、自らの教えについて談義を行いました(大原問答《おおはらもんどう》)。また、東大寺にて、浄土教における主要な経典の講義なども行っています(東大寺講説《とうだいじこうぜつ》)。これらの出来事により、多くの信者を集めることとなります。66歳の頃には、信者であった貴族の九条兼実《くじょうかねざね》から、教えの肝要を記した書を残すよう願われ、主著『選択本願念仏集』を著しています。

70歳前後を境として他宗派からの法然教団への批判が激しくなり、ついに建永《けんえい》2年(1207年)には、上皇の命を受け四国に配流となりました。それでも弾圧に負けずに、流罪先でも布教を続けたといわれます。建暦《けんりゃく》元年(1211年)にようやく帰洛を許され、現在の知恩院の勢至堂《せいしどう》付近に住み、同2年(1212年)に80歳でその生涯を終えました。亡くなる2日前には、教えの真髄を200字ほどにおさめた『一枚起請文《いちまいきしょうもん》』を残しています。

教えの特徴

「南無阿弥陀仏」ととなえれば誰もが極楽に往生できる

法然は、我々は皆凡夫《ぼんぶ》（仏教の理解や実践に乏しい者）であり、それゆえにこの娑婆《しゃば》世界で修行を完成させ仏になるという道を全うすることは到底できないと考えました。そして、だからこそ阿弥陀仏にすがり、阿弥陀仏の浄土に往生し、その浄土で仏になるという教え（浄土門《じょうどもん》）を信じなければならないと説き勧めました。阿弥陀仏は称名念仏のみを往生のための行として定め、称名念仏者を必ず救うという誓い（本願）を立て、その誓いを成就（実現）しています。それゆえ我々は、称名念仏の実践に生きることでこそ、必ず往生できるというのです。

このことは、それまでの仏教が教えや修行においてさまざまなものをまじえることを基調とするものであったのに対して、一線を画すものでした。さらに、以降の鎌倉仏教の特色となる、一つの行にひたすら打ち込む修行法（専修《せんじゅ》）を切り開いたという重要な意味も持ちます。

こぼれ話

智慧《ちえ》第一の法然房

法然は、そのたぐいまれな優秀さにより、智慧第一の法然房と称されました。実際に、24歳で遊学し、当時の有名な学僧を訪ねて論談した際、皆が法然の学識に舌を巻いたといわれます。しかし法然は、自分は愚かな悪人だという深い自覚を持っていました。そして、阿弥陀仏は知識や能力などに関わらず、平等に救ってくださるのだから、ただ阿弥陀仏の本願を素直に受けとめ念仏せよという教えを、生涯をかけて人々に伝えたのです。

いかなる逆境においても自身の信念を貫く

解説

法然の生涯を描いた伝記には、彼が晩年に流罪になる時の場面が記されています。ある弟子が、「今後は世間の目を気遣い、専修念仏の教えを説くことをやめましょう」と進言したところ、法然は「たとえ死罪になっても、この教えを説かずにはおかない」ときっぱりと答えました。それを聞いた者は、法然の心からの言葉に皆涙したといいます。この場面には、数々の弾圧に遭いつつも、人々のために専修念仏の教えを広めるという信念を、その命をかけて貫いた、法然の生きざまがよく表れています。

もっと知りたい方へ文献案内

- 田村圓澄『法然』（人物叢書　新装版）吉川弘文館
- 大橋俊雄『法然』（講談社学術文庫）講談社
- 伊藤唯真『法然の世紀　源平争乱の世に万民救済を説く』（浄土選書30）浄土宗出版

（執筆者：松尾善匠）

伝統復興のための革新：天台密教と宋朝禅の融合

栄《よう（えい）》西《さい》

（1141～1215年）

17

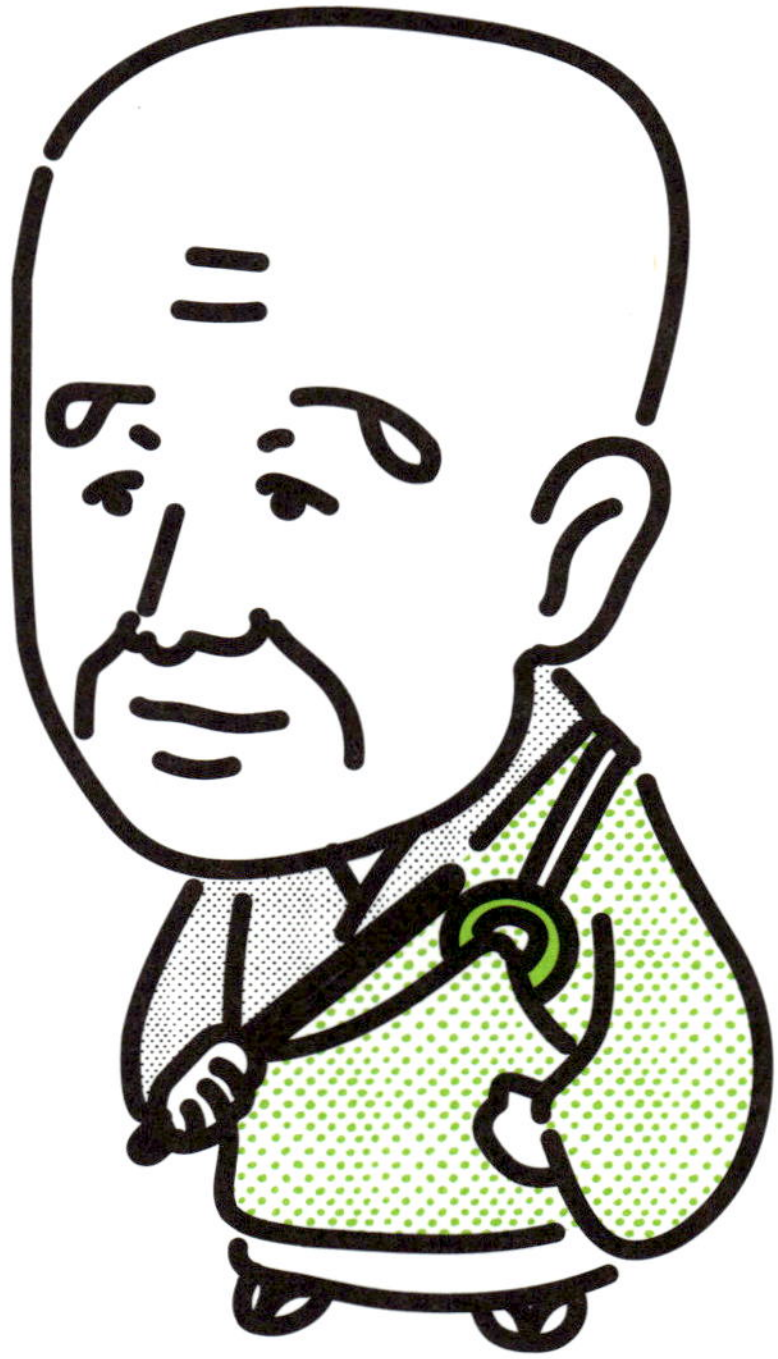

出生地　備中《びっちゅう》（岡山県）

宗派　臨済宗《りんざいしゅう》

本山　建仁寺《けんにんじ》（京都府）

大事にした経典　『大日経《だいにちきょう》』『金剛頂経《こんごうちょうきょう》』『蘇悉地経《そしつじきょう》』

著作　『興禅護国論《こうぜんごこくろん》』『喫茶養生記《きっさようじょうき》』など

こんな人生

栄西は保延《ほうえん》７年（1141年）、備中国吉備津《きびつ》神社の神官加陽《かや》氏の子として生まれ、14歳の時、比叡山《ひえいざん》で出家しました。仁安《にんあん》３年（1168年）４月、堕落した比叡山の状況に心を痛め、中国の仏法を学んで叡山仏教を復興するために入宋します。６ヶ月の滞在期間中に天台山万年寺《てんだいさんばんねんじ》と阿育王山《あいくおうざん》を巡拝しました。同年９月に帰国後、再び入宋するまでの20年間、密教関係の著作を多数著しました。文治《ぶんじ》３年（1187年）４月、インドの仏跡参拝を志して再び入宋します。しかし仏跡巡礼の願いは当時の対外情勢から宋朝の許可を得られませんでした。そのため栄西は帰国しようとしますが、暴風雨に阻まれ、やむを得ず再び天台山万年寺を訪れます。そこで、期せずして臨済宗の禅を伝える虚菴懐敞《きあんえしょう》に出会いました。栄西は日本で修学した密教の教えと禅とが合致することを虚菴から学んで禅に精進するとともに、彼から小乗戒*と大乗戒*を受けました。

建久《けんきゅう》２年（1191年）に帰国後、禅宗の布教に圧力を加える比叡山に対して、栄西は『興禅護国論』を著し、台密《たいみつ》（日本天台宗に伝わる密教）が禅と対立するものではないことを示して、密禅併修の宗風を確立しました。その後、栄西は鎌倉幕府の庇護《ひご》のもと、鎌倉に寿福寺《じゅふくじ》、京都に建仁寺を建立しました。建永《けんえい》元年（1206年）には、俊乗房重源《しゅんじょうぼうちょうげん》の後任として東大寺大勧進職《だいかんじんしき》に任命され、消失した東大寺の再建に尽力しました。このように晩年には幕府や朝廷との関係を深めて禅宗の社会的地位を向上させ、建保《けんぽう》３年（1215年）に75歳で亡くなりました。

【小乗戒】出家者全般が守るべき規範。
【大乗戒】大乗菩薩の僧侶として守るべき規範。

教えの特徴

禅を興隆させれば国を守護することができる

最澄がとなえた円《えん》・戒《かい》・禅《ぜん》・密《みつ》の四宗相承《ししゅうそうしょう》（法華円教《ほっけえんぎょう》・大乗戒・禅・密教の総合）という比叡山の仏教伝統は平安末期には堕落していました。栄西の思想はそれを再興することを目的としていました。栄西は日本で比叡山に伝わる密教である台密の修学を積み、十分な密教の素養を身につけた上で、第2回の入宋で虚菴から宋朝禅を学びました。そのため栄西の禅理解は台密を土台としたものとなり、このような禅は兼修《けんしゅ》禅《ぜん》と呼ばれます。また栄西は円頓戒《えんどんかい》*を破戒（戒律を破ること）の口実として用いる当時の比叡山を批判的に見て、虚菴から小乗戒と大乗戒を受け、戒律の厳守を重視しました。

　このように、栄西は最澄がとなえた法華円教を中心とする円・戒・禅・密の四宗を、密禅併修を中核に置き再構築したといえます。

【円頓戒】日本天台宗が主張した大乗戒。

こぼれ話

修行で背を伸ばす

栄西は若い頃身長が低かったが、修行によって四寸（約12センチ）身長を伸ばしたという逸話が残っています。身長が低い者は人々の尊敬を集められないだろうと馬鹿にされた栄西は恥ずかしく思い100日間修行を行います。修行後に柱に刻んだ身長を比べると四寸以上高くなっていたそうです。今に残る栄西像には頭頂が四角く伸びているという特徴があり、これはこの逸話を反映したものだとされています。この逸話は禅の布教のためには内容に加えて外形をも重視する栄西の姿勢を表しています。

もし至高の大乗戒であっても、言葉にするだけで真に会得しなければ、それは喉の渇きを覚えた者が美味や冷水を語るだけで口にしないのと同じである

解説

これは『興禅護国論』の中に登場する言葉です。最澄が確立した円頓戒は受戒した者をたちまちに悟りに至らせる大乗仏教の高遠な思想を基底とする戒ですが、当時の比叡山ではしばしば破戒の口実として本来の意図を外れ歪《ゆが》められて用いられていました。栄西は円頓戒の実践にはその本意を心得る必要があると説き、その前提として小乗戒の実践を重視しました。つまり高遠な理想は口にするだけではなく真意を理解して実践することで初めて実現すると述べているのです。

もっと知りたい方へ文献案内

- 中尾良信『栄西　大いなる哉、心や』（ミネルヴァ日本評伝選214）ミネルヴァ書房
- 多賀宗隼『栄西』（人物叢書　新装版）吉川弘文館

（執筆者：小谷昂久）

釈尊を中心に置いた伝統的仏教を主導し、学と行を極めた高僧

18

貞慶《じょうけい》

（1155～1213年）

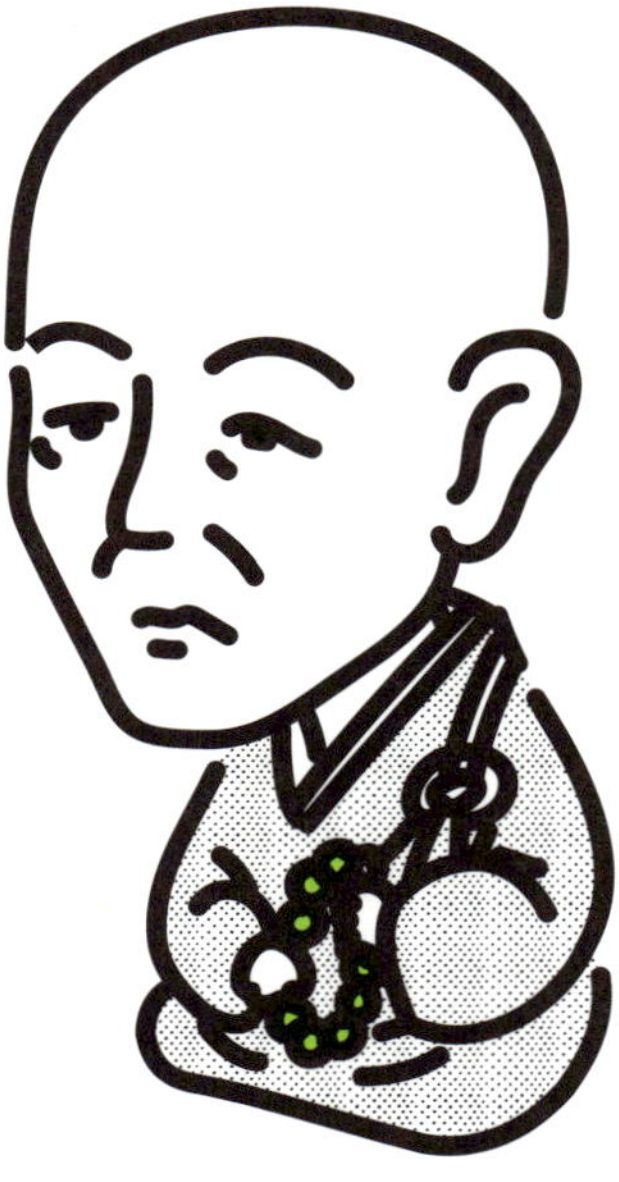

出生地　京都

宗派　法相宗《ほっそうしゅう》

本山　笠置寺《かさぎでら》（京都府）、海住山寺《かいじゅうせんじ》（京都府）

大事にした経典　『法華経《ほけきょう》』『般若経《はんにゃきょう》』『心地観経《しんじかんぎょう》』

著作　『愚迷発心集《ぐめいほっしんしゅう》』『唯識論同学鈔《ゆいしきろんどうがくしょう》』『法相心要鈔《ほっそうしんようしょう》』『観音講式《かんのんこうしき》』『興福寺奏《こうふくじそう》状《じょう》』など

こんな人生

貞慶は久寿《きゅうじゅ》２年（1155年）、藤原南家《ふじわらなんけ》（藤原四家の一つ）の藤原貞憲《さだのり》の子として生まれました。平治《へいじ》元年（1160年）に平治の乱に巻き込まれ、権勢を誇っていた祖父の信西《しんぜい》は自害し、父の貞憲も土佐（高知県）に流罪となりました。11歳で藤原氏の氏寺である興福寺において出家して学びましたが、春日《かすが》明神《みょうじん》の夢告《むこく》（夢のお告げ）を受け、世間の無常を嫌い、仏道修行に集中するため、建久《けんきゅう》４年（1193年）に笠置寺に遁世《とんせい》（世間を逃れて仏門に入ること）しました。そこで11年かけて書写した『大般若経《だいはんにゃきょう》』600巻を収める般若台院六角堂や、十三重塔を造立します。また、焼失した興福寺の五重塔の復興も手掛けました。元久《げんきゅう》２年（1205年）には興福寺を代表して朝廷に法然の専修念仏《せんじゅねんぶつ》の停止を求める『興福寺奏状』を著し、９ヵ条の過失を挙げて専修念仏を批判しました。すなわち、専修念仏は伝統的な八宗に含まれない新しい宗派であること、阿弥陀仏のみを崇拝して開祖の釈迦牟尼仏（お釈迦様のこと）を軽んじること、念仏に専念して仏像造立などの功徳《くどく》を軽んじること、念仏を口でとなえるものだけと捉えて観念を行わないこと、戒律を軽視する念仏行者がいること、王法と仏法は一体であり浄土宗以外の宗派が廃れれば国が乱れることなどがその内容でした。

承元《じょうげん》２年（1208年）には海住山寺に移り、当寺の再興を手掛けました。建保《けんぽう》元年（1213年）、観音菩薩の浄土に生まれることを願い、その名号《みょうごう》をとなえながら59歳で亡くなりました。

教えの特徴

戒律を守り、修行を行い、智慧《ちえ》を得る、このことが大切である

貞慶は釈迦、弥勒《みろく》、観音、阿弥陀、春日明神など多様な神仏を尊崇しましたが、彼の信仰の中心はあくまで釈迦にあり、釈迦の定めた戒律を重視しました。春日明神への信仰もあくまで釈迦の化身として捉えてのものでした。口称念仏のみで阿弥陀浄土に往生できるという法然の考えには、凡夫《ぼんぶ》がそのような優れた浄土に直接往生はできないとして反対しました。しかし、浄土の存在は認めており、観音や弥勒の浄土に生まれてから、阿弥陀浄土に転じるという考えを支持しました。

法相宗の教えに立脚しながらも、密教的な行法を含む講式（仏と菩薩の讃嘆《さんだん》・供養を行う手法を示した文書）を多数著述しており、学と行の双方を重視した僧侶といえます。

こぼれ話

八宗《はっしゅう》体制と鎌倉新仏教

『興福寺奏状』は伝統仏教の立場から法然を非難したものですが、その中に「八宗同心の訴訟」という言葉がありました。これに注目して仏教学者の田村圓澄《えんちょう》は新仏教に対する伝統仏教の立場を「八宗体制」と名づけ、伝統諸宗の間に一定の秩序があったことを指摘しました。これは伝統諸宗と国家が共依存して成立する「顕密《けんみつ》体制」が中世仏教の主流であり、法然などの鎌倉新仏教はむしろ異端的な運動であったとする黒田俊雄の学説「顕密体制論」につながり、日本仏教研究に一大転機をもたらしました。

自らの分《ぶん》を超えることは望んではならない

解説

これは貞慶が自らの観音浄土信仰の理論を示した『観世音菩薩感応抄《かんぜおんぼさつかんのうしょう》』の言葉です。貞慶は学問を極め、仏寺造立など極めて多くの功徳を積んだ人でしたが、自身の前世の罪業《ざいごう》（罪となる悪い行い）を深く意識し、滅罪《めつざい》に努めました。そして阿弥陀仏の浄土に生まれることは自分の分を超えることであると捉え、その化身である観音菩薩の浄土に生まれることを謙虚に願いました。

もっと知りたい方へ文献案内

- 奈良国立博物館／編『御遠忌800年記念特別展　解脱上人貞慶　—鎌倉仏教の本流—』奈良国立博物館、神奈川県立金沢文庫
- 末木文美士／編集委員『躍動する中世仏教』（新アジア仏教史12日本Ⅱ）佼成出版社

（執筆者：鈴木政宏）

阿弥陀仏への深い信心とともに生きた
浄土真宗の開祖

親鸞《しんらん》

（1173～1262年）

19

出生地　京都

宗派　浄土真宗《じょうどしんしゅう》

本山　西本願寺《にしほんがんじ》（京都府）、東本願寺《ひがしほんがんじ》（京都府）、専修寺《せんじゅじ》（三重県）

大事にした経典　『無量寿経《むりょうじゅきょう》』『観無量寿経《かんむりょうじゅきょう》』『阿弥陀経《あみだきょう》』『往生論註《おうじょうろんちゅう》』『観無量《かんむりょう》寿経疏《じゅきょうしょ》』『選択《せんちゃく(じゃく)》本願念仏集《ほんがんねんぶつしゅう》』

著作　『顕浄土真実教行証文類《けんじょうどしんじつきょうぎょうしょうもんるい》（教行信証《きょうぎょうしんしょう》）』『浄土文類聚鈔《じょうどもんるいじゅしょう》』『愚禿鈔《ぐとくしょう》』『正《しょう》像末和讃《ぞうまつわさん》』『歎異抄《たんにしょう》』（弟子が親鸞の法語を収録したもの）など

こんな人生

親鸞は、浄土真宗の開祖として知られる人物です。承安《じょうあん》３年（1173年）に、日野有範《ひのありのり》を父として生まれ、９歳の春に出家します。20年もの間、比叡山《ひえいざん》で修学しますが、悟りを開く道を見出すことができず、建仁《けんにん》元年（1201年）、29歳の時、京都の六角堂《ろっかくどう》に100日間参籠《さんろう》（こもること）しました。これがきっかけとなり、阿弥陀仏の浄土に往《い》き生まれる（往生する）ための専修念仏《せんじゅねんぶつ》の教えを説き広めていた法然を訪ねました。法然との出会いにより自身もこの念仏の教えに帰依《きえ》し、その生涯を通して法然を師として深く仰ぐこととなります。元久《げんきゅう》２年（1205年）には法然から主著である『選択本願念仏集』の書写を許されています。

承元《じょうげん》元年（1207年）、法難（他宗派からの弾圧）のため法然は四国に流罪になり、親鸞は越後国《えちごのくに》（新潟県）に流されることとなりました。建暦《けんりゃく》元年（1211年）に赦免《しゃめん》（罪や過ちを許すこと）されますが、なお同国にとどまり、常陸国《ひたちのくに》（茨城県）への移住などもしつつ、約20年近く伝道に努力しました。この間に多くの門弟が集い、初期教団を構成したといわれています。この時期には、主著であり、浄土真宗の根本聖典である『教行信証』の初稿本も完成させています。

60歳の頃、京都に帰り、法然の門下の聖覚《せいかく》の著作などの書写や註釈を行い、多くの人々を教化するために活用しました。その後も意欲的に執筆活動を行ったため、和讃500首以上や、法然の言行を記した『西方指南鈔《さいほうしなんしょう》』６巻などに至るまで、多くの著作を残しています。弘長《こうちょう》２年（1262年）11月に、京都の地で、90歳の生涯を終えました。

教えの特徴

阿弥陀仏への信心を得ることができれば誰もが往生できる

　師である法然は、修行者は信心や念仏行を自ら起こし、そのことによって、阿弥陀仏の浄土に往生することができると説きます。これに対して親鸞は、その心も行も、実は阿弥陀仏のほうからもたらされたものと考えるのです。阿弥陀仏は、自身の名を生きとし生けるものすべて（衆生《しゅじょう》）に聞かせようと働きかけており、衆生はその名を聞くことで、清浄なる信心を阿弥陀仏からいただくこととなります。そして、その信心がまさしき因となって往生が定まるというのです。

　このような阿弥陀仏からの働きかけということの強調は、罪悪深い我々には自らの力で確固たる信や行を起こすことなど到底できないという、親鸞の厳しい人間観と裏表の関係をなしています。

こぼれ話

議論を呼んだ三願転入《さんがんてんにゅう》

親鸞は、『教行信証』で、①念仏以外の諸々の行に励む、②自己のはからいを伴う念仏によって往生を願う、③阿弥陀仏の救済にただひたすら帰依する、という3段階の過程を述べます。これは三願転入と称される念仏者の宗教的な境地の深まりを表したものです。三願転入は近代において、ヘーゲルなどの西洋哲学を導入して解釈されるなど、真宗学・宗教学・哲学などの分野の垣根を越えて論じられる非常に大きな問題に展開することとなりました。

我々の心を深く見つめると、穢《けが》れて悪《あ》しきものであり、清浄で真実な心などどこにもないのである

解説

これは、主著『教行信証』をはじめ、親鸞の種々の著作に表れる人間観です。親鸞は、自身の抱える悪というものを深く見つめ、実には我々の心には穢《きたな》く悪いものしかないと断言するのです。彼は、経論の漢文の改読までも行い、それを強調します。これは、注目すべき人間観として、善人と悪人（善と悪）という問題を論じる際に、現代に至るまで盛んに取り上げられています。

もっと知りたい方へ文献案内

- 一楽真『親鸞聖人に学ぶ　真宗入門』真宗大谷派宗務所出版部
- 石田瑞麿『教行信証入門』（講談社学術文庫）講談社
- 平松令三『親鸞』（歴史文化ライブラリー 37）吉川弘文館
- 松尾剛次『知られざる親鸞』（平凡社新書）平凡社

（執筆者：松尾善匠）

「正伝《しょうでん》の仏法」（釈尊より伝わる正しい教え）を求め、説き示した日本曹洞宗の開祖

20

道元《どうげん》

（1200～1253年）

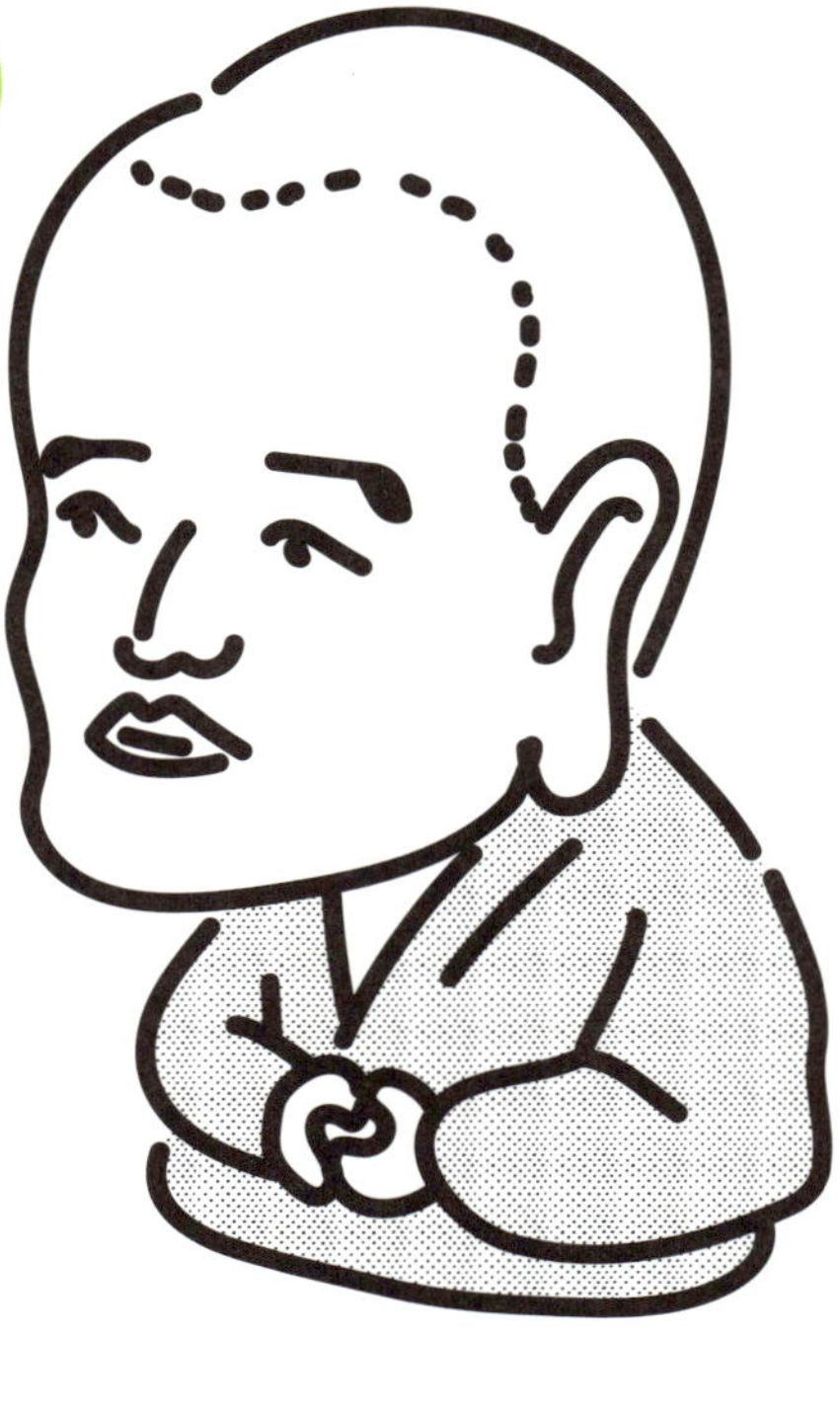

出生地　京都

宗派　曹洞宗《そうとうしゅう》

本山　永平寺《えいへいじ》（福井県）、總持寺《そうじじ》（石川県→神奈川県）

大事にした経典　『法華経《ほけきょう》』など

著作　『正法眼蔵《しょうぼうげんぞう》』『永平広録《えいへいこうろく》』『普勧坐禅儀《ふかんざぜんぎ》』『宝慶記《ほうきょうき》』『学道用心集《がくどうようじんしゅう》』『永平《えいへい》清規《しんぎ》』など

こんな人生

道元は正治《しょうじ》２年（1200年）、村上源氏《むらかみげんじ》の久我通具《こがみちとも》（一説に通親《みちちか》）の子として京都で生まれました。８歳の時、母を病で失ったことで出家を志すようになり、建暦《けんりゃく》２年（1212年）、13歳で比叡山《ひえいざん》へ上り、翌年、天台座主《ざす》（延暦寺の住職として、一門を統括する者）公《こう》円《えん》のもとで得度しました。比叡山で修学するうち、修行と悟りをめぐる疑問を抱くようになり、園城寺《おんじょうじ》の公胤《こういん》を訪ねると中国で禅を学ぶよう勧められます。建仁寺《けんにんじ》にて明全《みょうぜん》（栄西の弟子）に師事した後、貞応《じょうおう》２年（1223年）24歳の年には明全とともに南《なん》宋《そう》へ渡りました。諸山をめぐり参学するも「正師《しょうし》」（仏道を正しく理解し伝える人）と仰ぎうる人物にめぐりあうことができず、もはや帰国すべきかと考え始めた南宋宝慶《ほうきょう》元年（1225年）、天童山で如浄《にょじょう》と出会います。道元は如浄のもとで「身心脱落《しんじんだつらく》*」の境地に至りました。

28歳で帰国すると建仁寺に身を寄せ、その後、京都深草《ふかくさ》にある極楽寺《ごくらくじ》の別院安養院《あんよういん》に移って著述、布教活動を行いました。天福《てんぷく》元年（1233年）、同じ極楽寺の敷地内に観音導利院興聖宝林《かんのんどうりいんこうしょうほうりん》寺《じ》を開くと、翌年には懐奘《えじょう》（後の永平寺２世）が入門、そのほかにも多くの門人が集まります。天福《てんぷく》元年（1233年）には『正法眼蔵』の示衆《じしゅ》（説法）・著述が開始され、晩年まで続きました。寛元《かんげん》元年（1243年）、波多野義重《はたのよししげ》からの要請に応じて、越前《えちぜん》に移り大仏寺（まもなく永平寺と改名）を開創。以降はこの地で著述と弟子の育成につとめました。48歳の時、北条時頼《ほうじょうときより》の招きで鎌倉に下ったものの、半年で永平寺に戻っています。建長《けんちょう》５年（1253年）、永平寺を懐奘に譲り、同年８月、京都で54歳の生涯を閉じました。

【身心脱落】身も心もあらゆる束縛から解き放たれた境地に至ること。

教えの特徴

修行と悟りは一体である

道元は、修行そのものが悟りのあかしである（「修証一《しゅしょういっ》等《とう》*」・「本証妙修《ほんしょうみょうしゅ》*」）とし、日々の実践修行として「只管打坐《しかんたざ》」（ただ坐禅する）を強調しました。「修行している時にこそ、自らが本来的に仏である様《さま》が現れる」と説くことで、道元は、「悟るために修行する」という考え方、「誰しも本来的に仏であるからありのままでいればよい」という考え方、そのいずれをも乗り越えようとしたのです（なぜなら、いずれの考え方も、修行そのものの意義が軽視されかねないからです）。

また、只管打坐を集団で実践することを重んじた道元は、叢林《そうりん》（禅の修行道場）の整備にも心を配りました。『永平清規』では、中国の叢林規則を踏まえながら、寺院の規則や運営責任者の心構えについて詳細に説いています。

【修証一等】修行（修）と悟り（証）は区別されず、一体であるということ。

【本証妙修】本来的な悟り（本証）の上に行われる仏としての修行（妙修）。

こぼれ話

日常のあらゆる行いを修行として位置づける

道元は、食事や洗面といった日常生活をも修行とし、あらゆる行いを仏法に適《かな》うものとするよう説き示しました。『永平清規』中の「赴粥飯法《ふしゅくはんぼう》」では食事の作法について詳細に説いているほか、『正法眼蔵』の「洗面」巻では顔の洗い方や歯磨きの仕方を、「洗浄」巻では東司《とうす》（便所）の作法や頭の剃り方、爪の切り方といった身の浄め方を、丁寧に示しています。道元は、規律ある生活を「仏としての実践」と見たのです。

道を学ぶにはまず「正師」に就かなければならない

解説

日本と中国で多くの師をたずね、最終的に如浄のもとで学ぶべきを学び尽くした道元は、「正師」（正しい師）を探し求めることの重要性を説きました。『学道用心集』の中では正師の条件として、年齢や修行年数に関係なく教え（仏法）を正しく理解していること、規格を超えた力量と強い志を持っていること、自分本位でないこと、「行解相応《ぎょうげそうおう》」（実践と理解が一致）していることなどを挙げています。

もっと知りたい方へ文献案内

- 石井清純『道元　仏であるがゆえに坐す』（構築された仏教思想）佼成出版社
- 大谷哲夫／編著『道元読み解き事典』柏書房
- 角田泰隆『道元『正法眼蔵』を読む』（角川ソフィア文庫）KADOKAWA

（執筆者：佐久間祐惟）

戒律を守り、多くの人に戒を授け、
貧しい人たちの救済に尽くした高僧

叡尊《えいぞん》

（1201～1290年）

21

出生地　大和《やまと》（奈良県）

宗派　真言律宗《しんごんりっしゅう》

本山　西大寺《さいだいじ》（奈良県）

大事にした経典　『梵網経《ぼんもうきょう》』『文殊師利般涅槃経《もんじゅしりはつねはんきょう》』『大日経《だいにちきょう》』『金剛頂経《こんごうちょうきょう》』

著作　『興正菩薩《こうしょうぼさつ》御教誡聴聞集《ごきょうかいちょうもんしゅう》』など

こんな人生

叡尊は建仁《けんにん》元年（1201年）、大和国添上郡《そえかみぐん》箕田里《みたのさと》に生まれました。建保《けんぽう》５年（1217年）、醍醐寺《だいごじ》の叡賢《えいけん》について出家、元仁《げんにん》元年（1224年）、高野山に入り真言密教を学びます。しかし、真言僧が苦しみの中に亡くなっていくことに疑問を感じ、その原因が戒律を守っていないことによると確信し、戒律の復興を志しました。当時の授戒は形ばかりであると考え、嘉禎《かてい》２年（1236年）、東大寺法華堂において、覚盛《かくじょう》、円晴《えんせい》、有厳《うごん》らとともに自誓受戒（自ら懺悔《ざんげ》をし、修行の中で仏にまみえ、仏から直接に戒を授かること）を行いました。この時の出来事は、中世律宗の転換点となりました。以降、授戒を貴族や庶民にも頻繁に行いました。

仁治《にんじ》２年（1241年）、文殊師利菩薩《もんじゅしりぼさつ》が貧人に姿を変えて現れるという信仰に基づき、非人（差別された人）の救済につながる文殊供養を初めて行いました。以後、畿内各地でこの供養を行います。建長《けんちょう》元年（1251年）、仏師善慶《ぜんけい》に京都嵯峨野の清凉寺《せいりょうじ》に伝えられた生身の釈迦如来像を模刻させ、西大寺四王堂に安置しました。文永《ぶんえい》の頃より光明真言を導入し、文永５年（1268年）には異国調伏《ちょうぶく》*のための法会《ほうえ》を四天王寺（大阪府）で行いました。弘安《こうあん》の蒙古襲来に際しては、石清水八幡（京都府）において調伏の祈祷《きとう》を行いました。また、殺生禁断のために宇治川の網代を壊しますが、代わりにお茶の栽培を奨励して、人々の生活を助けました。ほかにも、宇治橋を完成させ、浮島に浮島十三重石塔を建立。正応《しょうおう》３年（1290年）に９０歳で亡くなります。後に伏見上皇より興正菩薩《こうしょう》の尊号を賜りました。

【調伏】内にむけては身心を調和させ、外に向けては敵意を持つ者を教化し、時には打ち砕くこと。

教えの特徴

悟りに至るためには戒律を遵守することが必須の条件である

僧侶が魔道に落ちて亡くなっていくのを目の当たりにして疑問を持ち、戒律を保っていないことにその原因を見出し、戒律の復興を目指しました。戒を授かることによって日常が整えられるとすると同時に、功徳《くどく》が生じると考え、天皇や庶民など、多くの人々に大乗の戒である梵網戒の授戒を行いました。また密教の三昧耶戒《さんまいやかい》も大事にしました。殺生禁断を行うとともに、動物の命を取って生活する人たちに生活の代替手段も提供しました。

また、聖徳太子信仰や文殊信仰を持ち、女性、貧民、非人、ハンセン病患者の救済など、多くの社会事業を行っています。密教の教えに基づき、光明真言《こうみょうしんごん》（真言宗で最も福徳のあるとされる秘密の言葉）を大事にし、西大寺に伝わる光明真言会を創始しています。

こぼれ話

蒙古を撃退する祈祷

大陸に大国を築いた蒙古は、文永、弘安年間に朝鮮半島の高麗を従え、2度、日本に襲来します。未曽有の国難に日本は直面しました。この時、叡尊も奈良の西大寺において蒙古調伏の祈祷を行い、調伏祈祷の本尊であった愛染明王《あいぜんみょうおう》の手にあった矢が西の方へ向かって飛び去ったと言い伝えられています。おりしも九州に上陸しようとしていた蒙古軍は嵐に襲われ、上陸は叶わなくなりました。蒙古が撤退したのは叡尊の祈祷の功徳といわれています。

学問は目的をしっかりと持つことが大切である

解説

これは『興正菩薩御教誡聴聞集』の中に登場する言葉です。当時の僧侶は論義という仏教教理の研鑽《けんさん》に励むことが多かったのですが、それは何のためかというと、多くは僧侶世界の出世の階段を上がるためであったといわれていました。そのような中で、叡尊は仏教の修学はそれではいけない、多くの人々を救うことを目的に学問をすべきであると主張しました。

もっと知りたい方へ文献案内

- 松尾剛次／編『持戒の聖者　叡尊・忍性』(日本の名僧10）吉川弘文館
- 和島芳男『叡尊・忍性』（人物叢書　新装版）吉川弘文館

（執筆者：蓑輪顕量）

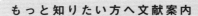

鎌倉期に本格的な宋朝禅を日本に伝えた先駆者

蘭渓道隆《らんけいどうりゅう》

（1213～1278年）

22

出生地　南宋西蜀《なんそうせいしょく》（中国四川省・重慶市）

宗派　臨済宗《りんざいしゅう》

本山　建長寺《けんちょうじ》（神奈川県）

大事にした経典　『金剛経《こんごうきょう》』『大般若経《だいはんにゃきょう》』『首楞厳経《しゅりょうごんきょう》』『華厳経《けごんぎょう》』

著作　『大覚禅師語録《だいかくぜんじごろく》』『蘭渓坐禅儀《らんけいざぜんぎ》』

こんな人生

蘭渓道隆は南宋の嘉定《かてい》６年（1213年）、西蜀涪江郡蘭渓邑《ふうこうぐんらんけいゆう》に生まれました。13歳の時、成都の大慈寺《だいじじ》で出家し、杭州の径山万《きんざんまん》寿寺《じゅじ》で無準師範《ぶしゅんしばん》、明州の天童山景徳寺《てんどうさんけいとくじ》で痴絶道沖《ちぜつどうちゅう》、台州の般若《はんにゃ》寺《じ》で北磵居簡《ほっかんきょかん》らの名匠に師事しました。さらに蘇州の陽山尊相《ようざんそんそう》寺《じ》にいた無明慧性《むみょうえしょう》を訪ねその門下に入りました。ある日、道隆は師の慧性が室内で「牛過窓櫺《ごかそうれい》」の公案（禅宗の祖師の問答、禅修行の中で取り組む課題）を示したのを聞いて、ついに悟りを開きました。

その後、天童山景徳寺において修行を続け、日本の仏教事情を耳にして渡日を決意しました。淳祐《じゅんゆう》６年（1246年）、33歳の時、日本に渡りしばらく博多の円覚寺《えんがくじ》に滞在した後、上洛して泉涌《せんにゅう》寺《じ》の来迎院《らいごういん》に滞在しました。そして院主であった智鏡《ちきょう》の勧めで、鎌倉に行きます。道隆の鎌倉到来を知った北条時頼《ほうじょうときより》は、常楽寺《じょうらくじ》に迎え入れ、軍務の余暇を惜しんで道隆について参禅しました。

建長《けんちょう》５年（1253年）、時頼は鎌倉で巨福山建長興国禅寺《こふくさんけんちょうこうこくぜんじ》を造営し、道隆を開山に招きました。正元《しょうげん》元年（1259年）、詔《みことのり》を受けて京都の建仁寺《けんにんじ》に遷住しますが、弘長《こうちょう》３年（1263年）、再び鎌倉に帰り、北条時宗《ときむね》が開いた禅興寺《ぜんこうじ》の住持を経て、建長寺に住持しました。その後、流言により２度も甲斐《かい》へ流されましたが、建《けん》治《じ》３年（1277年）、流言がついに解消され、時宗は道隆を寿福寺《じゅふくじ》に迎え入れました。弘安《こうあん》元年（1278年）４月、道隆はまた建長寺に住持しますが、同年７月に逝去。66歳でした。弘安２年（1279年）に朝廷から大覚禅師《だいかくぜんじ》という諡号《しごう》*を授かりますが、これが日本における初の禅師号となります。

【諡号】高僧の没後に天皇から与えられた称号のこと。大師、禅師、国師などの種類がある。

教えの特徴

坐禅の大切な点は自己の本心を明らかにすること

蘭渓道隆は南宋禅院の修行形態をほぼそのまま建長寺に移入し実践しました。これが、栄西《よう(えい)さい》や円爾《えんに》などの伝えた禅に比べて大きく異なる点になります。臨済宗松源派の宗風を継承し、日々の修行の中で四時《しじ》（一日の早朝、正午、夕暮れ、夜中の4つの時）の坐禅を厳格に行い、そうして禅定《ぜんじょう》を修めることにより本心（本来の心、自己の本質）を究明することを目指しました。坐禅するなかで起こる妄念《もうねん》に対しては、一則の公案*を用いて一心に参じ続け、疑念や思慮が尽くされる境地に至れば、いずれ自己の心の本源を究める時が来るであろうといいます。

【公案】禅宗の祖師が修行僧を指導するなかで発生した問答（質問と応答）のこと。中国唐代（特に唐代中期以降）の禅宗では、師家が時と場に応じて、臨機応変に修行僧と問答を行い、彼らを悟りに導こうとした。宋代になると、蓄積された祖師たちの問答の記録を「公案」と称し、修行実践の中で課題として修行僧に与えられるようになった。かくして宋代の禅林では、公案に参じる（取り組む）ことを手段として悟りに至ろうとする方法がやがて禅修行の主流となった。

こぼれ話

光陰を惜しみ、参禅弁道《べんどう》に励むべし

蘭渓道隆が開山（寺院を開創した僧侶）となった建長寺は、本格的な宋朝禅をそのまま日本において実践した最初の専門道場になります。実際の修行のなかで発生した個々の問題点を受けて、道隆は規則を定めて僧侶の修行生活を規正しました。建長寺に伝存されている「法語規則」という国宝の史料には、衆僧の守るべき行動規範が細かく記されています。寸暇を惜しんで坐禅修道に専心し、生死の一大事に決着をつけて、輪廻転生から解脱を遂げるべきである、と道隆は懇切に弟子たちを叱咤激励《しったげきれい》したのでした。

初発心《しょほっしん》の一念を固く持ち続けるべきである

解説

これは『大覚禅師語録』巻下「法語」の中に登場する言葉です。仏道を成就したいと発心（この上もない悟りを得ようとする心を起こすこと）した最初の一念は最も勇猛で貴重であり、その初心を途中で放ち捨てることなく堅持し、自己の一大事の究明に余念無く取り組み続ければ、必ず成就する時が来るだろうと説きました。

もっと知りたい方へ文献案内

- 高木宗監／著、建長寺史編纂委員会／編『建長寺史　開山大覚禅師伝』大本山建長寺
- 蘭渓道隆／原著、彭丹／訳著『蘭渓録』禅文化研究所
- 村井章介／編『東アジアのなかの建長寺』勉誠出版

（執筆者：余新星）

身命を惜しまず
正法《しょうぼう》（法華経《ほけきょう》）を広める

日蓮《にちれん》

（1222～1282年）

23

出生地　安房《あわ》（千葉県）

宗派　日蓮宗《にちれんしゅう》

本山　久遠寺《くおんじ》（山梨県）

大事にした経典　『法華経《ほけきょう》』

著作　『立正安国論《りっしょうあんこくろん》』『如来滅後五五百歳始観心本尊抄《にょらいめつごごごひゃくさいしかんじんほんぞんしょう》』『撰時抄《せんじしょう》』『開目《かいもく》
抄《しょう》』『報恩抄《ほうおんしょう》』など

こんな人生

父は貫名重忠《ぬきなしげただ》、母は梅菊《うめぎく》と伝承されます。幼名は善日麿《ぜんにちまろ》または薬王麿《やくおうまろ》と伝えられ、12歳の時に安房国清澄寺《せいちょうじ》に上がり、16歳で出家し僧侶となり、是聖房蓮長《ぜしょうぼうれんちょう》と名乗りました。19歳頃まで清澄寺、その後32歳まで京都の比叡山《ひえいざん》で修学し、経論の中では『法華経（妙法蓮華経）』がお釈迦様の真意を伝えるという結論を得ます。そして、建長《けんちょう》5年（1253年）、32歳の時、清澄の地に一度戻り、「南無妙法蓮華経《なむみょうほうれんげきょう》」の題目を日の出を拝しながらとなえたと伝えられます。またこの頃、名前を蓮長から日蓮と改めました。

日蓮は念仏や禅を否定する立場に立ったため、故郷の有力者と対立し、清澄を離れて鎌倉に出て布教します。名越《なごえ》の松葉ヶ《まつばが》谷《やつ》に草庵《そうあん》（草葺きの粗末な家）を構え題目の普及に努めますが、正《しょう》嘉《か》元年（1257年）大地震を経験し、その理由を仏典の中に求め、富士の実相寺《じっそうじ》で一切経《いっさいきょう》を閲覧します。そして文応《ぶんおう》元年（1260年）、時の最高権力者、北条時頼《ほうじょうときより》に『立正安国論』を提出します。災害が起こるのは幕府が間違った信仰に基づくからだとし、『法華経』への帰依を勧めました。しかし、念仏者等の迫害を受け、草庵は襲撃され、弘長《こうちょう》元年（1261年）には幕府によって捕らえられ、伊豆国（静岡県）に流罪となります。文永《ぶんえい》元年（1264年）には母を見舞うために帰郷した後に小松原《こまつばら》（千葉県）にて襲撃を受けました。また同8年（1271年）には極楽寺良観《りょうかん》と祈雨《きう》で争いましたが、幕府に召し捕られて、龍ノ口《たつのくち》の刑場で首をはねられそうになります。不思議があり難を逃れ、代わりに日蓮は佐渡に流されます。後に流罪が許され、鎌倉に戻りますが、直言が受け入れられないことを知ると、身延山《みのぶさん》（山梨県）に入ります。約8年間を過ごし弟子の育成にあたりますが、体調を崩し、弘安《こうあん》5年（1282年）、身延を下り、武蔵国《むさしのくに》（東京都）の池上宗仲《いけがみむねなか》公の屋敷にて、61歳で亡くなりました。

教えの特徴

「南無妙法蓮華経」ととなえることが悟りの世界につながる

「南無妙法蓮華経」と題目をとなえれば（唱題）、お釈迦様が説いた悟りの原因とともに悟りの果報そのものが、その行者に与えられると考えます。釈尊の教えの中で一番大切なものは、晩年の8年間に説かれた『妙法蓮華経』（＝法華経）であると位置づけます。「南無妙法蓮華経」という題目をとなえることによって、その大切なものが修行者に具《そな》わると考えました。日常生活の中でも常に題目をとなえることが大切だと説きます。題目には五字と七字の題目という言い方がありますが、五字は「妙法蓮華経」で、七字は「南無妙法蓮華経」です。五字の「南無妙法蓮華経」という言い方も存在します。

教学の上では『法華経』を選択し、実践の上では唱題を勧めていますので、選択と易行《いぎょう》（誰にでもたやすく行える修行）性を備えた、誰もがわかりやすい教えと実践しやすい行を説いたといえるでしょう。

こぼれ話

身延山時代に、ふるさとの海《あま》のりに涙を流す

日蓮は佐渡流罪から許された後、一度鎌倉に戻りますが、「三度諫《みたびいさ》めても用いられないならば山に籠《こ》もる」という中国の故事に従い、身延山に入ります。その身延に、安房に住む尼御前《あまごぜん》から海のりが届けられました。それを見て、海のりは昔、遊んだ浜辺で見たものと変わらないけれども、どうして私の父母は変わってしまい、亡くなってしまったのだろうか、と見当違いの恨めしさに涙を流したという話が新《にい》尼御前へ宛てた返事の手紙の中に出てきます。父母に対する思いは人一倍強かったようです。

苦しみを苦しみと悟り、楽しみを楽しみと開いて、苦しみにつき楽しみにつき、ともに思い合わせて、南無妙法蓮華経ととなえなさい

解説

日蓮は幼少の頃、苦しんで亡くなっていく人の姿を見て、それを何とか解決したいと考えました。釈尊の真実の教えでなければそれは困難であると考え、修学を続けます。その結果、見出したものが『法華経』でした。『法華経』に基づいて唱題という行を始めますが、その実践の中には、苦しみを苦しみとして、楽しみを楽しみとして受け止めるという止観（仏教の瞑想《めいそう》で、心の働きそのものを静めるもの〈止〉と、認識の後に起きる心の自動的な反応を静めるもの〈観〉）の大切な点が存在していました。

もっと知りたい方へ文献案内

- 高木豊『増補改訂　日蓮　その行動と思想』太田出版
- 川添昭二『日蓮とその時代』山喜房仏書林
- 渡辺宝陽／編著『日蓮の手紙』（こころの本）筑摩書房
- 渡辺宝陽『日蓮仏教論　その基調をなすもの』春秋社

（執筆者：蓑輪顕量）

新義真言宗の教学を打ち立てた
苦学の名僧

頼瑜《らいゆ》

（1226～1304年）

24

出生地　紀伊《きい》（和歌山県）

宗派　真言宗《しんごんしゅう》

本山　根来寺《ねごろじ》（和歌山県）

大事にした経典　『大日経《だいにちきょう》』

著作　『大日経疏《だいにちきょうしょ》指《し》心鈔《しんしょう》』『釈論開《しゃくろんかい》解《げ》抄《しょう》』など

こんな人生

頼瑜は14歳頃に出家すると、真言宗の修行道場である根来山と高野山を行き来して勉学に励み修行を行っていました。24歳頃には、現在の奈良市あたりの南都にも赴《おもむ》き東大寺や興福寺で学び、さらなる研鑽《けんさん》を積みます。そして多くの師のもとで真言教学について勉学に励みます。

頼瑜は107部450巻以上とも伝えられている大変多くの著作を残しています。著作については、一度に書き上げるのではなく、何年にもわたって加筆し、推敲を加えるやり方をとっていたようです。そのため、中には書き始めてから完成までに40年ほどかけた著作もあります。密教の根本経典『大日経』の注釈書『大日経疏』を解説した『大日経疏指心鈔』では新義真言宗の設立の基盤となる説である、「加持身説《かじしんせつ》*」について言及しています。加持身説という新たな学説は、高野山の古義真言宗の学説である本地身《ほんじしん》がそのまま教えを説くと考える「本地身説」と比較されます。

また、高野山には覚鑁《かくばん》（密教と浄土思想を融合させた人物）という僧侶が建てた、大伝法院《だいでんぽういん》という重要な建物がありました。大伝法院は覚鑁が亡くなって以降焼失しており、その再建を行ったのが頼瑜です。高野山に大伝法院を再建した後、それを根来寺に移転しました。これによって新義真言宗が成立しました。頼瑜は、長年多くの学問への研鑽と執筆を行い、79歳でその生涯を終えました。

【加持身説】仏様が、どのような姿や形で、教えを説かれたかという考えは仏教において、重要な問題の一つでした。教えを説く仏様の様子に対して、新たに提示された衆生教化を願う姿が加持身であり、加持身によって教えが説かれるとする考え方を加持身説といいます。

教えの特徴

説法をする仏は、衆生《しゅうじょう》を教化するための特別な身体をもった仏

頼瑜の説いた「加持身説」は『大日経疏指心鈔』にて提唱されます。お経というものは仏様によって説かれたものです。真言宗の中においては、『大日経』というお経を非常に重要視します。そのため真言宗において、『大日経』がどのような姿の仏様によって説かれたかが大変に問題になりました。この解釈をめぐり、真言宗は高野山を拠点とする古義真言宗と根来寺を拠点とする新義真言宗に分かれていきます。仏様が直接教えを説いたとする高野山の主張に対して、頼瑜は仏様が「加持身」によって現れて『大日経』を説いたと考えました。

こぼれ話

出家のきっかけは夢の中？

頼瑜は幼い頃から勉学に励んでおり、徹夜することもしばしばあったそうです。しかし、そのたびに睡魔に襲われることが悩みでした。この悩みを解決したのが、夢の中に出てきた一人の僧侶でした。夢の中で僧侶が、頼瑜に真言の教えを学ぶことによって睡魔に悩まされることがなくなるとアドバイスしたそうです。それを聞いた頼瑜はその後出家しました。

教《きょう》蔵《ぞう》微《び》旨《じ》を究《きわ》む

解説

これは、師匠に学ぶ際に頼瑜が記した言葉です。「教蔵微旨を究む」とは、仏典の教えや解釈の奥深い内容を極めるという意味です。頼瑜が学びに向き合う際の姿勢を表明した言葉として理解することができるでしょう。何事も強い意思と志を持って、物事に取り組むことによって頼瑜は１０７部４５０巻以上の著作を残すことができたのでしょう。

もっと知りたい方へ文献案内

- 榊義孝『新義教学の祖　頼瑜僧正入門』ノンブル社
- 智山伝法院『頼瑜―その生涯と思想―』（智山伝法院選書７）智山伝法院

（執筆者：赤塚智弥）

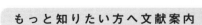

無《む》学《がく》祖《そ》元《げん》

（1226～1286年）

禅宗の日本定着に重要な役割を果たした代表的な渡来僧

25

出生地　南宋明州《なんそうみんしゅう》（中国浙江省《せっこうしょう》）

宗派　臨済宗《りんざいしゅう》

本山　円覚寺《えんがくじ》（神奈川県）

大事にした経典　『華厳経《けごんぎょう》』『円覚経《えんがくきょう》』『首楞厳経《しゅりょうごんきょう》』

著作　『仏光国師語録《ぶっこうこくしごろく》』

こんな人生

祖元は宝慶《ほうけい》２年（1226年）に、明州慶元府《けいげんふ》（浙江省寧波市《ねいはし》《ニンポー》）に生まれました。13歳の時、杭州の浄慈寺《じんずじ》で北磵居簡《ほっかんきょかん》について出家。14歳に径山万寿寺《きんざんまんじゅじ》に上り無準師範《ぶしゅんしばん》に師事し、17歳から「狗子《いぬ》に仏性は無し」という公案に取り組み、以来、５年間にわたり一途にその公案に参じ続けました。22歳のある晩、坐禅三昧の中で夜明けを知らせる板の音を聞いて見性《けんしょう》*を体験しましたが、師から認可されませんでした。程なくして無準禅師が亡くなり、祖元は径山から下りて石渓心月《しっけいしんがつ》、偃渓広聞《えんけいこうもん》、虚堂智愚《きどうちぐ》らに歴参し、なお一層心境を深めました。宝祐《ほうゆう》元年（1253年）、彼は物初大《もっしょたい》観《かん》が住持していた明州大慈寺《だいじじ》で修行を重ね、翌年（1254年）のある日、井戸から水を汲もうとしてろくろ（滑車）の縄を引いていたところ、徹底した悟りを体験しました。

その後、老いた母親の世話をするために、母親の住居に近い白雲庵《はくうんあん》に７年間住持しました。老母の逝去後に、祖元は霊隠寺《りんにんじ》の首座《しゅそ》を経て、咸淳《かんじゅん》５年（1269年）に台州真如寺《だいしゅうしんにょじ》の住持となりました。元の至元《しげん》16年（1279年）、北条時宗《ほうじょうときむね》の招聘《しょうへい》に応じて渡日し、同年８月に建長寺の住持となりました。以降、祖元は建長寺において弟子の育成に身を尽くしました。そして北条時宗の参禅の師として、弘安《こうあん》の役に重圧を背負う時宗を支えました。弘安５年（1282年）12月、蒙古襲来による犠牲者を敵も味方も平等に弔うために、時宗とともに、鎌倉円覚寺を開創しました。同９年（1286年）、祖元は61歳で世を辞しました。

【見性】人間に本来的に備わっている仏性（仏と同様な心性）が顕現すること。これが禅宗における悟りであり、また禅修行の目的とされている。

教えの特徴

悟りに至るための手段として公案を適切に活用すべきである

無学祖元は門人たちに対して極めて丁寧な指導を行っていました。自らの南宋の禅林での修行と開悟の体験を老婆心切に語りながら、看話禅《かんなぜん》＊（公案禅）の参じ方について、彼は次のように説いています。「まだ公案に参じていない者はぜひとも公案に参じるべきです。公案は心に染みついた妄念妄想をこすり落とすための有効な手段であるからです。しかしながら、公案はしょせん、自己の本心・本性を悟るための手段に過ぎません。ですから、長らく公案に参じても開悟しない者は、公案に拘《こだわ》らずにいったんそれを手放すべきです」

なお、祖元の説法の内容からは華厳思想の影響が色濃く見え、宋代における華厳と禅が融合する傾向を反映しています。

【看話禅】話頭《わとう》（＝公案、いかなる意味も有さない短い語句）を心の中で看《み》続けるという禅の修行法。全精神を話頭に集中させて極度の三昧状態に入り、その果てに大悟の体験を得ることが期される。

こぼれ話

法のため人を求めて日本にやってきた

無学祖元は「自悼《じとう》」と題する漢詩の中に、「仏法を世の中に弘《ひろ》めるためにその任に堪える人材を求めて日本に来たのだ」と、自らの渡日の初心について述べました。当時、日本の修行僧たちは、学知を重視し書物を博覧することに明け暮れる者が多くいましたが、祖元はそのような風潮を憂え、地道な修行と悟道の大切さを懇切に説きました。その指導のもとで、高峯顕《こうほうけん》日《にち》、規庵祖円《きあんそえん》、一翁院豪《いちおういんごう》などの禅傑が輩出し、さらに高峯の門下からは夢《む》窓疎石《そうそせき》という傑僧が出るなど、日本禅宗を黄金時代へと導いていきました。

怨《おん》親《しん》平《びょう》等《どう》
敵も味方も皆平等である

解説

弘安5年（1282年）12月、北条時宗は無学祖元を開山に招請し、蒙古襲来による戦没者の菩提を、敵も味方も平等に弔うために円覚寺を創建しました。祖元は円覚寺において行った「讃地蔵菩薩普説」の中で、「わが軍か相手の軍かを問わず、戦死した者も溺死した者も、その霊魂が悉《ことごと》く救済されることをただ一心に願う」と述べました。人間の自我（エゴ）によって自分と他者との分別、ひいては対立が生じたわけですが、「法界においてはそういった区別がまったく存在せず、怨敵も親類も皆平等である」と祖元は説き示しました。

もっと知りたい方へ文献案内

- 『円覚寺の至宝　鎌倉禅林の美』三井文庫、三井記念美術館
- 横田南嶺『禅の名僧に学ぶ生き方の智恵』致知出版社
- 横田南嶺「怨親平等の思想について―無学祖元と円覚寺開創をめぐって―」『京都・宗教論叢』第15号、京都・宗教系大学院連合

（執筆者：余新星）

日本全国を渡り歩き、念仏の教えを広めた時宗の開祖

26

一遍《いっぺん》

（1239～1289年）

出生地　伊予《いよ》（愛媛県）

宗派　時宗《じしゅう》

本山　清浄光寺《しょうじょうこうじ》（神奈川県）（遊行寺《ゆぎょうじ》とも）

大事にした経典　『無量寿経《むりょうじゅきょう》』『観無量寿経《かんむりょうじゅきょう》』『阿弥陀経《あみだきょう》』『観無量寿経疏《かんむりょうじゅきょうしょ》』
『選択《せんちゃく(じゃく)》本願念仏集《ほんがんねんぶつしゅう》』

著作　『一遍上人語録《いっぺんしょうにんごろく》』『播州法語集《ばんしゅうほうごしゅう》』（ともに後世における法語の集成）

こんな人生

一遍は、時宗の開祖として著名な人物です。延応《えんおう》元年（1239年）、伊予国の河野通広《こうのみちひろ》のもとに生まれました。宝治《ほうじ》２年（1248年）、母の死に無常を感じて出家し、法然門下の一派である浄土宗西山義《せいざんぎ》の僧であった聖達《しょうたつ》のもとで学びました。文永《ぶんえい》８年（1271年）、信濃《しなの》の善光寺に参籠《さんろう》（祈願のため寺院などにこもること）した後、伊予に帰り、庵室で一人、念仏三昧（ひたすらに念仏を修すること）に励みました。この修行の期間に、信じているか否かにかかわらず、「南無阿弥陀仏」ととなえれば、出家しているか否か、智慧《ちえ》があるかないかなどの区別なく、また念仏の数にもかかわりなく、皆が往生できるという教えを会得したのです。一遍はその教えの真髄を頌《じゅ》（詩句）に表しました。これは「十一《じゅういち》不二頌《ふにじゅ》」と呼ばれます。

文永11年（1274年）には熊野本宮証誠殿《ほんぐうしょうじょうでん》に100日間参籠した際、夢に熊野権現《ごんげん》が現れ、「阿弥陀仏の力によって、すべての人が必ず往生できるのであるから、さまざまな条件で区別することなく、人々に南無阿弥陀仏と記した札《ふだ》を配るように」との口伝を受けました。一遍はそのお告げを「六十万人頌《ろくじゅうまんにんじゅ》」に表し、遊《ゆ》行《ぎょう》（布教や修行のため諸国をめぐり歩くこと）に励みました。京都から伊予、豊後《ぶんご》（大分県）など日本各地を回り、信濃の善光寺へ向かう途中では、武士の館で踊念仏《おどりねんぶつ》（踊りながら太鼓や鉦《かね》を打ち鳴らし、念仏をとなえること）を始めました。遊行を続けることを通して彼に従う僧尼が増えていき、一教団としての規模にまで至ったといいます。

正応《しょうおう》２年（1289年）に重い病に悩まされるようになりました。同年８月には所持していた経典などを焼き、同月23日に51歳で亡くなりました。

教えの特徴

「南無阿弥陀仏」ととなえれば、仏も我もない

浄土宗の開祖法然《ほうねん》は、阿弥陀仏に対して修行者が南無阿弥陀仏ととなえて救済を願うというように、まず我々の側から仏の側に働きかけることを勧めました。浄土真宗の宗祖親鸞《しんらん》は、阿弥陀仏が我々に対してすでにその名を通して働きかけているのであり、我々はそのおのずからなる救済を受けとめることが大切だと説きます。

これらの先行する教えに対して一遍は、我々と阿弥陀仏のどちらが働きかけるという二項関係ではなく、南無阿弥陀仏ととなえる中で、その2つが渾然と一体化すると捉えます。もはや仏もなく我もなく、すべてが南無阿弥陀仏に包まれる、いわば「念仏が念仏を申す」世界を説いたのです。一遍は、この我を放ち捨てた境地に至れば、死後ではなく今ここに、往生や悟りが実現すると主張しました。これは、浄土宗西山義の教義を踏まえつつ、禅の思想などにも影響を受けて構築された、一遍独自の教説です。

こぼれ話

捨《す》て聖《ひじり》としての生きざま

一遍は、妻子や住居を捨てて遊行し、粗末な衣服をまとって、その一生を送りました。彼は、世を捨て、身を捨て、さらには「身をすつるすつる心をすてつれば」（『一遍上人語録』巻上）というように、その心までも捨て切りました。それゆえ、彼は周囲から「尊き捨て聖」と見られていました。一遍のこのような「捨」ということの強調は、身心を放ち捨てた称名念仏においてこそ仏と我が一体化した理想の境地が実現されるという、彼の念仏観や救済観とつながっています。

一切に執着がないこと、これこそが比べるもののない無上の安楽なのである

解説

これは、『播州法語集』にある言葉です。一遍は、「人々はたいてい、経論に説く無《む》比《ひ》楽《らく》（比べるものがない安楽）というのを、単なる世間的な楽だと考えているが、それは本当の安楽とはいえないのだ」と主張します。彼は、真の安楽とは何かということをよく考え、自身の生き方を選択するよう、訴えかけているのです。

もっと知りたい方へ文献案内

- 橘俊道『一遍のことば』（宗祖のことばシリーズ９）雄山閣
- 大橋俊雄『一遍』（人物叢書　新装版）吉川弘文館
- 大橋俊雄『一遍聖』（講談社学術文庫）講談社

（執筆者：松尾善匠）

広く諸学を修めた、中世東大寺の大学僧

凝然《ぎょうねん》

（1240～1321年）

27

出生地　伊予《いよ》（愛媛県）

宗派　華厳宗《けごんしゅう》

本山　東大寺《とうだいじ》（奈良県）

大事にした経典　『華厳経《けごんぎょう》』『梵網経《ぼんもうきょう》』など

著作　『八宗綱要《はっしゅうこうよう》』『華厳法界義鏡《けごんほっかいぎきょう》』『律宗綱要《りっしゅうこうよう》』『浄土法門源流章《じょうどほうもんげんるしょう》』など

こんな人生

凝然は延応《えんおう》２年（1240年）、伊予国に誕生しました。受戒した後に、東大寺戒壇院を本拠地として活動しました。

青年期の凝然は、博覧強記《はくらんきょうき》を誇り、さまざまな学問を修めました。戒壇院中興の祖である円照《えんしょう》に戒律を学んだほか、東大寺尊勝院《そんしょういん》の宗性《そうしょう》に華厳*を、法然の弟子である長西《ちょうさい》に浄土思想を学びました。さらに、その修学の対象は、真言密教や聖徳太子の著作にまで及びます。文永《ぶんえい》５年（1268年）、凝然はこうした研《けん》鑽《さん》を基にして、諸宗の教義を要略した概説書である『八宗綱要』を完成させます。

これ以降、凝然が生涯に記した著作は1,200巻余りに及ぶとされますが、特に華厳と律に関する著作を多く残しています。華厳関係では、華厳思想の綱要書である『華厳法界義鏡』等の著作があり、戒律関係では、『律宗綱要』等の著作があります。そのほかにも、仏教史等に関わる資料も残しました。

凝然は著述以外の活動にも精力的に関わっています。建治《けんじ》３年（1277年）の円照の死後、凝然は戒壇院長老として活躍し、後には唐招提寺《とうしょうだいじ》長老にも任じられました。また、徳治《とくじ》２年（1307年）には、後宇多《ごうだ》法皇が東大寺戒壇院にて受戒する際には、その戒師（戒を授ける師僧のこと）を務めました。晩年は、戒壇院の後継者を弟子の禅爾《ぜんに》と実円《じつえん》に定め、元亨《げんこう》元年（1321年）に82歳で亡くなりました。

【華厳】『華厳経』とその解釈学に基づく思想の体系。「重々無尽」や「一即一切、一切即一」と表現される、万物が無限に交渉しあう世界観を特徴とする。

どの教えにもそれぞれの意義がある

凝然はさまざまな学問を修めた学僧であり、多様なジャンルの著作を残しています。豊かな知識と教養を生かして、『八宗綱要』や『三国仏法伝通縁起《さんごくぶっぽうでんづうえんぎ》』といった概説書や歴史書、『浄土法門源流章』といった浄土思想に関する著作、聖徳太子の「三経義疏《さんぎょうぎしょ》」に対する注釈書を記すなど、特定宗派に限定されることのない、諸宗兼学の姿勢が凝然の特徴です。

諸学の中で、凝然の修学の軸となったのは、特に華厳と律でした。華厳では、中国や日本の学僧による華厳に関するさまざまな著作を広く参照しつつ、華厳教学を整理し、総合したとされています。また、中世の律宗復興の機運の高まりの中で、『律宗綱要』を記して、律宗の教義を体系的に組織しました。

こぼれ話

凝然と善財童子《ぜんざいどうじ》

ある日、西大寺《さいだいじ》（奈良県）の信空《しんくう》は、「『華厳経』に登場する善財童子が戒壇院に華厳宗の種を蒔《ま》いた」という不思議な夢を見ました。その後に、実際に、凝然が戒壇院にやってきました。つまり、善財童子の蒔いた華厳の種が発芽して凝然になったというのです。この逸話は、凝然自身が紹介するものであり、自分が華厳宗の種であるという凝然の矜持《きょうじ》がうかがえます。また、この逸話がもとになり、後世では「凝然は善財童子の生まれ変わりである」とまでいわれたとも伝えられています。

老眼の涙を拭《ぬぐ》い、中風《ちゅうふう》の手を励ます

解説

凝然は82年の生涯で1，200巻余りの著作を残したと伝えられ、その旺盛な探求心と執筆意欲は晩年も尽きることはありませんでした。81歳の時に記した『維摩経疏菴羅記《ゆいまきょうしょあんらき》』の奥書には、「老眼から垂れる涙の汁を拭い、中風の右手を励まし」て、執筆に努めたと記されるなど、身体の衰えをものともせず、一心に学問に没頭した凝然の晩年の生き方がうかがえます。

もっと知りたい方へ文献案内

- 新藤晋海／編『凝然大徳事績梗概』東大寺教学部
- 凝然大徳／著、鎌田茂雄／全訳注『八宗綱要　仏教を真によく知るための本』（講談社学術文庫）講談社

（執筆者：小林遼太郎）

すぐれた指導者として
曹洞宗発展の礎《いしずえ》を築いた禅僧

瑩山紹瑾《けいざんじょうきん》

（1264～1325年）
※1268年生まれとする説もあるが近年は1264年が有力

28

出生地　越前《えちぜん》（福井県）
宗派　曹洞宗《そうとうしゅう》
本山　永平寺《えいへいじ》（福井県）、總持寺《そうじじ》（石川県→神奈川県）
大事にした経典　『法華経《ほけきょう》』『遺教経《ゆいきょうぎょう》』など
著作　『伝光録《でんこうろく》』『洞谷記《とうこくき》』『瑩山清規《けいざんしんぎ》』『坐禅用心記《ざぜんようじんき》』など

こんな人生

瑩山紹瑾は文永《ぶんえい》元年（1264年）、越前国の多禰《たね》で生まれました。信仰深い母の影響を受け、８歳で出家を志して永平寺へ上り、永平寺３世の徹通義介《てっつうぎかい》に師事します。弘安《こうあん》３年（1280年）、永平寺２世を務めた懐奘《えじょう》が亡くなるに際しては懐奘より菩薩戒を受けました。18歳の時、諸方行脚を始めて越前宝慶寺《ほうきょうじ》の寂円《じゃくえん》（道元・懐奘の弟子）などを訪ね、22歳の時には『法華経』「法師功徳《ほっしくどく》品《ほん》」の一文を聞いて、悟るところがあったとされます。

正応《しょうおう》４年（1291年）、28歳の時に阿波《あわ》（徳島県）城万寺《じょうまんじ》の住持（住職）となると、初めて５名の弟子に対し授戒を行い、これ以降、70余名に戒を授けました。永平寺住持を退いていた義介が加賀（石川県）に大乗寺《だいじょうじ》を開くと、瑩山もこれを助け、永仁《えいにん》３年（1295年）には義介より嗣法《しほう》（法統を受け継ぐこと）、同６年（1298年）に大乗寺２代目の住持となりました。正和《しょうわ》元年（1312年）に能登《のと》（石川県）の土地の寄進を受けると、ここに永光寺《ようこうじ》を開いて活動の拠点とし、さらに58歳の時には總持寺を開いて、後進の育成を行います。正中《しょうちゅう》２年（1325年）、永光寺にて62歳で亡くなりました。

瑩山門下からは明峰素哲《めいほうそてつ》、無涯智洪《むがいちこう》、峨山韶碩《がさんじょうせき》、壺庵至簡《こあんしかん》などの優れた弟子が輩出され、特に總持寺２世を務めた峨山韶磧系統の弟子たちが全国へ展開していきました。曹洞宗では道元を「高祖《こうそ》」、瑩山を「太祖《たいそ》」と敬い、道元の開いた永平寺と瑩山の開いた總持寺（明治時代の焼失を機に横浜市へ移転）を並べて両大本山と称しています。

教えの特徴

教えの正しい継承者、正しい規則のもとで修行すべきである

瑩山は日本曹洞宗の系譜を一本化して明示しました。大乗寺にて示した『伝光録』では、釈尊からインドの28人の祖師、中国の23祖を経て道元、懐奘に至るまでの系譜と、それぞれの祖師（禅の教えを伝えた歴代の師）の悟りの機縁《きえん》（きっかけ）を取り上げて講述しています。さらに、如浄《にょじょう》（道元の師）の語録、道元の霊骨、懐奘の血経（血で写した経典）、義介の嗣書《ししょ》（自らの系譜の証明書）、瑩山自筆の大乗経典および自身の嗣書を、永光寺の裏手に安置して「五老峰《ごろうほう》」と名づけ、これら5名を祀《まつ》る伝燈院《でんとういん》を建てました。

また、瑩山は、道元が定めた修行者の規則を継承しつつ、さらにこれを補足・体系化して『瑩山清規』（『洞谷清規』）にまとめました。瑩山の整備した清規（禅宗寺院の規則）は、門下の展開とともに全国各地へ広まっていきます。

こぼれ話

女性を大切にし、多くの尼僧《にそう》を育てる

瑩山は男女を平等に扱い、黙譜祖忍尼《もくふそにんに》をはじめ多くの女性の弟子を育てました。その背景には、信仰心のあつかった生母懐観大姉《えかんだいし》や祖母明智優婆夷《みょうちうばい》の存在があり、母の追善供養のため、あるいは祖母の養育の恩に報いるため、宝応寺《ほうおうじ》（石川県）や円通院《えんつういん》（永光寺内）などの尼寺を建立しました。瑩山は、自らが他者を救うことのできる僧となるに至ったのは、母が常に観音菩薩に祈っていてくれたお陰であるとして、懐観大姉が亡くなった後はその遺志を継ぎ、「女流済度《にょりゅうさいど》」（女性を救うこと）の誓願を立てています。

瞋恚《しんい》によらず慈悲《じひ》をもって人に接する

解説

慈悲深い教化によって多くの弟子を育成した瑩山ですが、若い頃は人並み外れて怒りっぽい性格であったと自ら述べています（『洞谷記』）。19歳の時、宝慶寺にて修行僧の指導を行う役職にあった瑩山は、自身の悪口を言った者に対し、怒りのままに当たりそうになります。しかし、仏法をおさめて人々を救うことが自らの本望であると思い直し、以後、瞋恚（いかり）にとらわれず、慈悲（他者へ喜びを与え、他者の苦しみを除くこと）をもって他者に接するようになりました。

もっと知りたい方へ文献案内

- 田島柏堂『瑩山』（日本の禅語録五）講談社
- 東隆眞／監修、『洞谷記』研究会／編『現代語訳　瑩山禅師『洞谷記』』春秋社

（執筆者：佐久間祐惟）

「七朝《しちちょう》の帝師《ていし》」と尊称され、
室町期の禅宗興隆の礎《いしずえ》を築いた高僧

夢窓疎石《むそうそせき》

（1275～1351年）

29

出生地　伊勢《いせ》（三重県）

宗派　臨済宗《りんざいしゅう》

本山　天龍寺《てんりゅうじ》（京都府）

大事にした経典　『法華経《ほけきょう》』『華厳経《けごんぎょう》』『大日経《だいにちきょう》』『円覚経《えんがくきょう》』『首楞厳経《しゅりょうごんきょう》』

著作　『夢中問答集《むちゅうもんどうしゅう》』『谷響集《こっきょうしゅう》』『夢窓国師語録《むそうこくしごろく》』『夢窓国師和歌集《むそうこくしわかしゅう》』など

こんな人生

夢窓疎石は建治《けんじ》元年（1275年）に伊勢に生まれ、４歳の時に父親は一家をあげて甲斐《かい》（山梨県）に移住しました。９歳で甲斐における真言宗の中心道場であった白雲山平塩寺《はくうんさんへいえんじ》で空阿《くうあ》上人について出家し、18歳で南都（奈良県）へ行き、東大寺戒壇院で凝《ぎょう》然《ねん》より具足戒《ぐそくかい》（正式な僧侶が守るべき戒律）を受けました。受戒後にまた平塩寺に戻り、真言密教と天台の教えを兼ねて修学しました。翌年、博学多識の天台の講師が見るに忍びない臨終を示したことをきっかけに、夢窓は教理の習学と理解が生死の一大事を解決する道ではないと気づき、禅宗への転入を決心しました。20歳の時、京都の建仁寺《けんにんじ》で無隠円範《むいんえんぱん》について禅の修行を始め、翌年、鎌倉へ下り無及徳詮《むきゅうとくせん》、葦航道然《いこうどうねん》、桃渓徳悟《とうけいとくご》らに師事しました。25歳の時から建長寺（神奈川県）で一山一寧《いっさんいちねい》の門下に入り修行しましたが、悟ることができなかったため、29歳でさらに鎌倉万寿寺《まんじゅじ》で高峯顕日《こうほうけんにち》に参じ、そこで心得るものがありました。やがて31歳の夏に、常州《じょうしゅう》（茨城県）臼庭《うすば》でついに悟りを開きました。

その後、夢窓は各地を転々としながら独りの修行生活を続けます。正中《しょうちゅう》２年（1325年）51歳で京都の南禅寺《なんぜんじ》の住持となりますが、わずか１年でそれを退きました。建武《けんむ》元年（1334年）60歳の時、後醍醐天皇に招かれて再び南禅寺に住持し、これを皮切りに、天龍寺の創建や安国寺《あんこくじ》利生塔《りしょうとう》の設営をはじめ、八面六《はちめんろっ》臂《ぴ》の働きぶりで教化を展開しました。観応《かんのう》２年（1351年）、夢窓は77歳でその求道と利生《りしょう》（仏、菩薩が衆生《しゅじょう》を悟りに導くこと）の生涯を閉じました。その絶大な功績により、夢窓は生前、夢窓・正《しょう》覚《がく》・心宗《しんしゅう》という３つ、没後に普済《ふさい》・玄猷《げんゆう》・仏統《ぶっとう》・大円《だいえん》という４つ、計７つの国師号を賜り「七朝の帝師」と称され、冠前絶後の尊《そん》崇《すう》を受けました。

教えの特徴

あらゆる生きとし生きるものは本来的に覚《さと》りを実現している

夢窓の禅思想は、「本分《ほんぶん》の田地《でんち》」（略して「本分」ともいう）という概念を中心に展開しています。本分の田地とは、一切の衆生が本来的に具《そな》えている覚りの境地を意味します。夢窓においては、本分の田地は取りも直さず仏の内証（覚り）の境地であり、それは凡と聖、迷と悟、浄と穢《え》などといった、いかなる二元的分節もいまだ生じていない境地です。この完全な一なる無分節の境地に何も介さずに契合《けいごう》する（ぴったり一致する）のが禅仏教の宗旨であると説いています。

鎌倉末期から室町初期にかけて活躍し、さまざまな対立と軋轢《あつれき》の局面を目の当たりにした夢窓は、本源である全一な「本分の田地」によって万《よろず》の事の一致を求め、分別対立を超えた安穏《あんのん》な世界の実現に身をささげたのでした。

こぼれ話

小玉を呼ぶ手段なり

夢窓はその教化において、公案や禅問答などの指導手段（「機関《きかん》」という）よりは、経典の義理を説き示す方式（「理致《りち》」という）を多く使用しました。このような指導の仕方は、臨済宗の禅師としての活発な働きに欠けるのではないかと批判されていました。そのような異議に対し、夢窓は、理致にしても、機関にしても、ないし禅宗五家の宗風、教宗（従来の顕密諸宗）の法理、孔孟老荘の言説も皆、小玉を呼ぶ手段（言外の真意を知らせようとするための手段）であると回答しました。

蝸牛角上《かぎゅうかくじょう》の争いを休《や》め、覚城《かくじょう》の東に軍馬の轡《たづな》をとめるがよい

解説

元弘の乱以来、相次ぐ戦乱で数知れぬ犠牲者が出たのみならず、神社仏閣、百姓の住居、山野の鳥獣まで戦火に見舞われました。見るに忍びない悲惨な現実を目の当たりにし、それまで出世間的な隠遁《いんとん》生活を続けていた夢窓は、あえて世間に入り教化活動を始めました。彼は時の権力者たちを相手に、分別対立は一念の無明によって招かれたもので、紛争はしょせん、かたつむりの角の上に雌雄《しゆう》を決すような空しい行為に過ぎないと示しました。そういう愚かな行為をやめ、分別対立を超えた一体同源の覚りの世界に入るべきだと教え導きました。

もっと知りたい方へ文献案内

- 夢窓国師／著、川瀬一馬／校注・現代語訳『夢中問答集』（講談社学術文庫）講談社
- 玉村竹二『夢窓国師―中世禅林主流の系譜―』（サーラ叢書10）平楽寺書店
- 佐々木容道『夢窓国師　その漢詩と生涯』春秋社

（執筆者：余新星）

日本最初の総合的仏教史書を著した、博覧強記《はくらんきょうき》の禅僧

30

虎関師錬《こかんしれん》

（1278～1346年）

出生地　京都

宗派　臨済宗《りんざいしゅう》

本山　東福寺《とうふくじ》（京都府）

大事にした経典　『楞伽経《りょうがきょう》』

著作　『元亨釈書《げんこうしゃくしょ》』『仏語心論《ぶつごしんろん》』『済北集《さいほくしゅう》』『十禅支録《じゅうぜんしろく》』『聚分韻略《しゅうぶんいんりゃく》』『正修論《しょうしゅうろん》』など

こんな人生

虎関師錬は弘安《こうあん》元年（1278年）、京都で生まれました。同8年（1285年）より、東福寺第2世も務めた東山湛照《とうざんたんしょう》に師事し、同10年（1287年）、10歳の春に比叡山《ひえいざん》に上って受戒します。正応《しょうおう》4年（1291年）に師の東山湛照が亡くなると、以降は京、鎌倉を往復し、規庵祖円《きあんそえん》、桃渓徳悟《とうけいとくご》、無隠円範《むいんえんぱん》、蔵山順空《ぞうざんじゅんくう》、無為昭元《むいしょうげん》、約翁《やくおう》徳倹《とっけん》ら禅宗諸師のもとで修行しました。また、これら諸師への参学と併行して、東密《とうみつ》（真言密教）、悉曇《しったん》学（梵語・梵字に関する学問）、『文選《もんぜん》』（中国の詩文集）、易学など、教宗（禅宗以外の仏教教学）、さらには外典《げてん》（仏教以外の学問・教え）に至るまで幅広く修学しました。徳治《とくじ》2年（1307年）には、中国の元より来日していた禅僧、一山《いっさん》一寧《いちねい》を訪ねます。この時、一山一寧は、国外にまで及ぶ師錬の博識を評価しつつも、師錬がかえって日本国内の高僧に疎い場合があることをたしなめました。師錬はこれを恥じて日本の僧史を作ることを誓い、後に日本初の総合的仏教史書『元亨釈書』（1322年成立）として結実します。

正和《しょうわ》2年（1313年）、36歳で歓喜光院《かんきこういん》（京都府）に入って以降、伊勢の本覚寺《ほんがくじ》や神賛寺《しんさんじ》、京都の円通寺《えんつうじ》、三聖寺《さんしょうじ》、東福寺、南禅寺《なんぜんじ》などの多くの禅刹《ぜんさつ》（禅宗の寺院）の住持を務めました。暦応《りゃくおう》4年（1341年）に南禅寺住持を退いた後は、東福寺海蔵院《かいぞういん》にて著述を続けています。康永《こうえい》元年（1342年）、後村上《ごむらかみ》天皇より本覚国師の号を賜り、貞和《じょうわ》2年（1346年）、69歳で亡くなりました。師錬は多くの詩文を残しており、五山文学*の代表者の一人にも数えられます。

【五山文学】日本の中世から近世前期にかけて、京都・鎌倉の五山寺院およびその周辺で行われた、漢詩文の制作を中心とする文学。

教えの特徴

悟りは不断の修行の結果として現れる

虎関師錬は禅宗がいかに優れた教えであるかを説き、自説の展開にあたっては、禅宗の伝承や伝統の源《みなもと》を重視しました。特に、中国の禅宗初祖達磨大師《だるまだいし》と関係が深い『楞伽経』を重んじ、その注釈書『仏語心論』を著しています。『楞伽経』は難解で知られ、当時の禅宗ではそれほど重視されなくなっていましたが、師錬は経典の内容と禅宗の実際の修行体系を巧みに結びつけ、整理しました。

また師錬は、「仏道修行者にとって悟りの瞬間は突然訪れるものであるかもしれないが、それは日頃の不断の修行があってこその結果である」と説き、修行の継続を重視しました。当時の禅宗には、自らの心が仏に他ならないとまず自覚することを促し、それ以前の修行を軽視する僧が少なからず存在したため、こうした傾向を戒めたと考えられます。

こぼれ話

自らの体験をもとに病を体系的に論じる

虎関師錬は自ら言明するように、生来病気がちでした。そこで自身の体験をもとに病について分析し『病儀論《びょうぎろん》』という著作にまとめています。具体的には、病の原因を「主」（内的な原因）、「佐」（外的な要因）、「宅」（病の宿る場所）の３種に分類して説明しました。単なる病気の仕組みにとどまらず、病をいかに認識・観察すべきか、死に臨んでどのように修行を進めるべきかという点も説かれており、一つの仏教思想書であるといえます。

志を持ち続けることが大切である

解説

前述のように、師錬は初期禅宗と関係が深い『楞伽経』という経典を重視しました。実際、48歳の時に『楞伽経』の注釈書『仏語心論』を完成させ、さらに67歳の年には山城柏野の地に楞伽寺を創建していますが、伝記によれば、師錬は19歳の時すでに『楞伽経』の注釈を作ることと楞伽寺という名の寺を建立することを、自身に誓っていたのでした。

もっと知りたい方へ文献案内

- 今泉淑夫／著、早苗憲生／編『本覚国師　虎関師錬禅師』禅文化研究所
- 福島俊翁『虎関』雄山閣（※『福嶋俊翁著作集　第二巻　禅宗の祖師像』木耳社、に再録）

（執筆者：佐久間祐惟）

31

蓮如《れんにょ》

（1415～1499年）

独自の伝道により、浄土真宗の教義を多くの民衆に根付かせた名僧

出生地　京都

宗派　浄土真宗《じょうどしんしゅう》

本山　西本願寺《にしほんがんじ》（京都府）、東本願寺《ひがしほんがんじ》（京都府）

大事にした経典　『無量寿経《むりょうじゅきょう》』『観無量寿経《かんむりょうじゅきょう》』『阿弥陀経《あみだきょう》』『観無量寿経疏《かんむりょうじゅきょうしょ》』『顕《けん》浄土真実教行証文類《じょうどしんじつきょうぎょうしょうもんるい》』『浄土和讃《じょうどわさん》』『高僧和讃《こうそうわさん》』『正像末和讃《しょうぞうまつわさん》』

著作　『正信偈大意《しょうしんげたいい》』『御文《おふみ》（御文章《ごぶんしょう》）』など

こんな人生

蓮如は、浄土真宗本願寺の第８世宗主であり、中興の祖として有名な人物です。応永《おうえい》22年（1415年）に本願寺第７世の存如《ぞんにょ》を父として誕生しました。17歳の時に出家し、父に就学して青年期を過ごしています。

長禄《ちょうろく》元年（1457年）父存如が没した後、本願寺第８世を43歳で継職しました。その頃の本願寺は衰退しており、蓮如は再建のため、近江《おうみ》、摂津《せっつ》、三河などを中心に、活発な布教活動を行いました。しかし、天台宗的な要素を本願寺から一掃しようとしたことなどから、寛正《かんしょう》６年（1465年）に、延暦寺の僧侶たちに堂舎を襲われてしまいます。そのため争乱を逃れて南近江へ向かい、大津近松や、越前《えちぜん》吉崎へ移り、坊舎（僧の住む建物）などを建立しました。そこを退去した後は、河内《かわち》出口や和泉《いずみ》堺などに移り、山城山科《やましな》の地についに本願寺を再興しました。本堂や土居《どい》などを整え、寺内町を形成し、大いに繁栄させたのです。

延徳《えんとく》元年（1489年）には本願寺住持職を実如《じつにょ》に譲り隠居し、明《めい》応《おう》５年（1496年）に摂津大坂に坊舎を建立しました（後の石山本願寺の地）。同８年２月には山科南殿に入り、３月25日に85歳でその生を終えます。その子女は多く、13男14女であったといいます。

蓮如は、道場の設立や、講組織によって地方の門徒との結合を図ることで、本願寺教団を急速に発展させました。それだけでなく、親鸞の「正信念仏《しょうしんねんぶつ》偈《げ》」と「三帖《さんじょう》和《わ》讃《さん》」（親鸞の『浄土和讃』『高僧和讃』『正像末和讃』の総称）に基づいて、門徒の日々の勤行《ごんぎょう》（お勤め）の形式を定めるなど、今に伝わる大きな業績を残しています。

教えの特徴

阿弥陀仏への報恩のため念仏をとなえる

蓮如は、阿弥陀仏の本願をただ信じることが浄土に往生するためのまさしき因であるとし、称名念仏《しょうみょうねんぶつ》という行いは阿弥陀仏の救済に対する報恩であると説きました。このようにして信心と念仏を明確に分ける説を、信心正因《しんじんしょういん》・称名報恩《しょうみょうほうおん》といいます。親鸞においては、このような説はいまだ確立、強調されてはいませんでしたが、蓮如は本願寺第3世の覚如《かくにょ》の思想を受け継ぎつつ、この説の構築、普及をいっそう進めました。これにより彼は、信心を至上とする教義を徹底させたのです。

また蓮如は、内心には深く信心を蓄え、世間に処するには王法（世俗の法律や慣習）に従うべきとする説（王法為本《おうほういほん》）も広めました。信仰を持ちながら世俗の世界で生きていく信者に対し、理想の生き方を具体的に示したのです。

こぼれ話

たぐいまれな伝道者

蓮如は、浄土真宗の教義を消息（手紙）の形式で記した『御文《おふみ》』（『御文《ごぶん》章《しょう》』ともいう）という伝道手段を用いて布教を行いました。生涯においてしたためた『御文』は数多く、現在知られているものでも250通を超えます。平易な文言の中に親鸞の教説の要点がまとまっており、それにより多くの民衆が教化されたのです。親鸞の教説には難解な点が少なくないのですが、蓮如の働きによって、浄土真宗の教えが民衆にしっかりと根付くこととなりました。

一生は早く過ぎるものであり、我々の命は今日とも明日とも知れないものである

解説

蓮如は、『御文』の中で特に有名な「白骨《はっこつ》の御文《おふみ》（白骨の御文章）」で、この世のはかなさを強調します。「無常であることを自覚し、今世のことにこだわるのをやめ、死後の生（後生《ごしょう》）こそを思え」と、強く訴えかけているのです。

もっと知りたい方へ文献案内

- 真宗大谷派教学研究所／編『真宗再興の人　蓮如上人の生涯と教え』真宗大谷派宗務所出版部
- 源了圓『蓮如』（精読・仏教の言葉）大法輪閣
- 大谷暢順『蓮如の「御文」』人文書院

（執筆者：松尾善匠）

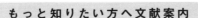

多くの霊山で修行し、修《しゅ》験《げん》道《どう》を確立した修験者

即伝《そくでん》

（生没年不詳〈室町時代末期の修験者〉）

32

出生地　下野《しもつけ》（栃木県）

宗派　修験道《しゅげんどう》

本山　彦山《ひこさん》

大事にした経典　経典ではなく、自然のそのものを大切にする

著作　『修験《しゅげん》修要《しゅうよう》秘《ひ》決集《けつしゅう》』など

こんな人生

即伝*の出生について、詳しい記述は現在では残っていません。室町時代の終わり頃に活躍した人物ということのみわかっています。

即伝は当初、日光山で修行をしていました。現在は日光東照宮がある場所として知られる日光ですが、東照宮にて家康が祀《まつ》られる以前は修験道の聖地として有名でした。その後、九州の彦山（現在の英彦山《ひこさん》）に修行の場所を移します。彦山は修験道の一大修行地として大変に有名でした。即伝はここに長く滞在し、この地で修験道の主たる思想や儀礼についてまとめた『修験修要秘決集』を著したとされます。江戸時代以降の修験道では重要な書物の一つとして尊重されていました。『修験修要秘決集』には、天台宗や真言宗の思想を取り込んだ、修験道の重要な考えが記されています。

また、即伝は長野の戸隠山《とがくしやま》や北陸の白山などの霊山をめぐり、多くの人々に修験道の教えを授けました。そのため、修験道を確立した人物として知られるようになったのです。

【即伝】即伝は純粋な仏教者ではなく、修験道の修行者でした。しかし、当時の修験道は、仏教と密接に結びついており、仏教者の一部と考えて差し支えないでしょう。

教えの特徴

山林修行に密教の思想を取り入れ修験道を確立

即伝は、真言宗や天台宗の教えを用いて修験道の思想を確立しました。例えば、自身が現実世界でこの身のままに仏になることができるという考えの即身成仏《そくしんじょうぶつ》思想などを用います。また、自分の心の迷いや誤った心の働きを静めて、自分自身の心が清浄であるという状態にできるようになることが重要だと考えました。

教えを伝える際には、文字にして伝えるのではなく、以心《いしん》伝心《でんしん》で実際の修行の様子などから伝えていくことが重要だとしています。

こぼれ話

得意の唄で、弟子に教えを伝える

長野の戸隠の伝承によると、即伝は唄が上手であったとされます。即伝は、文字にして教えを伝えるのではなく、以心伝心で教えを伝えることを重視していました。そのため、唄を使って教えを伝えることがあったようです。

一途な姿勢が人の心を動かす

解説

即伝は修験道の思想を確立した人物と紹介しました。その裏には即伝の修験道に対する一途な姿勢があったと思われます。多くの山で修行をし、多数の書物を著し、修験道を弟子に伝える際も工夫を凝らしていたということからも修験道への強い思いが伝わってきます。

もっと知りたい方へ文献案内

- 宮家準『現代語訳　修験道聖典　『役君形生記』『修験指南鈔』『修験修要秘決集』』春秋社

（執筆者：赤塚智弥）

豊臣秀吉に認められ、高野山の再興に尽力した真言僧

木食応其《もくじきおうご》

（1536～1608年）

33

出生地　近江《おうみ》（滋賀県）

宗派　真言宗《しんごんしゅう》

本山　不明

大事にした経典　『大日経《だいにちきょう》』『金剛頂経《こんごうちょうきょう》』など

著作　『無言抄《むごんしょう》』

こんな人生

「木食」とは肉や穀物を断ち、木の実や草などだけを食べる修行です。安土桃山時代の僧侶、応其は木食行を行ったため「木食上人《もくじきしょうにん》」とも呼ばれました。

応基は近江国の出身といわれていますが、出家以前のことははっきりとわかっていません。一説では名を順良といい、織田信長に滅ぼされた佐々木氏の出身で、大和国《やまとのくに》の越智《おち》氏に仕えた武士だったともいわれますが、京都の誓願寺にいた楚仙《そせん》という名の僧侶だったという説もあります。天正《てんしょう》元年（1573年）には高野山に入り、名を応其と改めました。山内の寺院に住し、仁和《にんな》寺《じ》の任助法親王《にんじょほっしんのう》から密教の修法を学んだともいわれています。

天正13年（1585年）、豊臣秀吉は和歌山の根来寺《ねごろじ》、粉河寺《こかわでら》などを征服し、高野山の諸寺院にも降伏を求めました。その時応其は、降伏に関する文書を受け渡しする役の一人となりました。応其はこの頃から秀吉に認められるようになり、同14年（1586年）には、秀吉が京都に建立した方広寺《ほうこうじ》の開山として迎えられています。また、同15年（1587年）には秀吉の使者として千利休らに同行し、島津氏との和平交渉に尽力しました。同18年（1590年）に高野山内の興山寺《こうざんじ》の開山となり、「興山上人」の号を賜ります。文禄《ぶんろく》2年（1593年）には、秀吉の母の菩提所である青《せい》巌寺《がんじ》の開山にもなりました（興山寺と青巌寺は、現在の高野山真言宗総本山金剛峯寺《こんごうぶじ》の前身）。慶長《けいちょう》5年（1600年）、関ヶ原の戦いにおいて西軍の味方をしたとみなされたことから高野山を離れ、近江国の飯道寺《はんどうじ》に移り住みました。応其は同13年（1608年）に亡くなりました。滋賀県甲賀市の飯道山《はんどうさん》には、応其が入定《にゅうじょう》したとされる場所に五輪塔《ごりんとう》が残っており、高野山には応其の遺骨を納めたといわれる廟所《びょうしょ》が現存します。

教えの特徴

卓越した調整能力で寺院復興に尽力

木食応其は世俗権力との調整能力にすぐれ、時の権力者たちと協力関係を保った僧侶です。

天正13年（1585年）に高野山が降伏すると、秀吉は修理費用を寄進して応其に山内各所の復興を命じました。現在の高野山奥之院にある弘法大師御廟《ごびょう》や丹生《にう》高野両大明神などは、応其が再建に関わっています。また、現在の和歌山県橋本市内にある岩倉池、引《ひき》の池《いけ》など、合計6つの池を修復しました。紀ノ川に長さ130間（約230メートル）の大きな橋をかけたともされ、それが現在の橋本の地名の由来であるといわれています。このほか、秀吉は応其に京都の東寺《とうじ》や醍《だい》醐《ご》寺《じ》の修復も命じ、修復が終わった後、「醍醐の花見」とよばれる有名な花見を行いました。

こぼれ話

秀吉と木食応其

豊臣秀吉が高野山復興のために多額の修理費用を寄進した翌年、木食応其は他の僧侶たちと大坂城に出向き、秀吉に謁見《えっけん》しました。その際、秀吉は応其のことを「高野（山）の木食（応其）と思ってはいけない、木食が高野なのだ」とその場の人々に言ったといわれています。秀吉が行った寺社復興事業に応其がどれほど重要な役割を果たし、秀吉の厚い信頼を得ていたかを示すエピソードだといえるでしょう。後に秀吉は高野山を豊臣家の菩提所とし、阿弥陀聖衆来迎図《あみだしょうじゅらいごうず》など、さまざまな宝物を寄進しました。

戦いより和《わ》睦《ぼく》を選び、権力をよい方向に向ける

解説

木食応其は、力を持つ相手に対しては無理に反発するよりも、その力をよりよい方向へ向けるよう努力することで、互いにとって益となる結果が生まれると考えていました。戦乱の世では戦国武将たちに焼き討ちされるなどして有力な寺社が衰退しましたが、応其は対立を避け、権力者の信頼を得ることで、高野山復興のために力を尽くしました。

もっと知りたい方へ文献案内

- 五来重／編『高野山と真言密教の研究』（山岳宗教史研究叢書3）名著出版
- 辻善之助「木食上人」（『日本文化史』別録第３巻）春秋社
- 『木食応其 ―秀吉から高野山を救った僧―』和歌山県立博物館

（執筆者：佐藤もな）

第3章

江戸時代（近世）

仏教が庶民の信仰として定着していく時代です。寺院や神社は幕府の支配下になりますが、社会の安定のために基本的な価値観を提供することに重点が置かれるようになります。また人々の日常を律するために、戒律が重視されるようになり、十善戒に注目が集まりました。また、仏教も儒教も神道も最終的には同じことを説いているのだという位置づけが存在し、平易な言葉で教えを説く資料が出版される時代でもありました。

天海《てんかい》

（1536～1643年）

天台宗の中興の祖、幕府の精神的支柱

34

出生地　陸奥《むつ》（福島県）

宗派　天台宗《てんだいしゅう》

本山　延暦寺《えんりゃくじ》（滋賀県）

大事にした経典　「一切経《いっさいきょう》」

著作　なし

こんな人生

陸奥会津高田（会津美里町《みさとまち》）に生まれました。姓は蘆名《あしな》氏です。生年には各説がありますが、天文《てんぶん》５年（1536年）説が有力です。天海は会津高田稲荷堂別当の舜海《しゅんかい》に師事し、その後関東から比《ひ》叡山《えいざん》へ遊学して天台宗の教義を修めました。織田信長の比叡山焼討後は甲斐《かい》で武田家に集まった天台僧と論義をなし、天正《てんしょう》５年（1577年）上野国《こうずけのくに》世良田《せらだ》長楽寺において春豪《しゅんごう》から天台密教葉《よう》上流《じょうりゅう》を受けます。同19年（1591年）は江戸崎不動院（茨城県）に住し、慶長《けいちょう》４年（1599年）喜多院（埼玉県）に入り、関ヶ原の戦いの後、徳川家康の知遇を受けて内外の政務に加わり、江戸幕府成立の重要な役割を担ったといわれます。その後家康の命で叡山最高職探題《たんだい》となり論議を復旧し、南光坊に住して延暦寺を復興し、宗光寺《そうこうじ》（栃木県）、長楽寺（群馬県）の学山に住して教学を振興します。同18年（1613年）には家康から「関東天台宗法度*」を授けられ、日光の山中の寺社を管掌します。

元和《げんな》３年（1617年）、仏教と神道を融合した山王一実神道《さんのういちじつしんとう》の立場から、家康の遺体を日光山に移し、家康が東照大権現《とうしょうだいごんげん》位を勅許されると、日光山輪王寺《りんのうじ》再興に尽力しました。寛永《かんえい》２年（1625年）江戸城の鬼門にあたる忍岡《しのぶがおか》に東叡山寛永寺（東京都台東区）が建立されると、その第1世となりました。正保《しょうほう》４年（1647年）、後《ご》水尾《みずのお》天皇第６皇子守澄入道親王《しゅちょうにゅうどうしんのう》の入寺後、日光山、東叡山、比叡山の三山を兼ね天台宗を管掌します。寛永14年（1637年）に木彫活字版の「一切経」刊行を計画し寛永寺にそのための経局を設けます。同20年（1643年）10月２日、108歳で亡くなりました。

【関東天台宗法度】江戸時代初期徳川家康が天台宗寺院に布達した法度の総称。中世寺院が持っていた軍事力をなくし、天台教学中心の教団にするのが目的でした。

教えの特徴

天台の教えは災いを除き福を招く

天海は家康を東照大権現という神として祀《まつ》るのに、『法華《ほけ》経《きょう》』に基礎を置いた天台の神道説を用いました。それが山王一実神道です。山王一実神道は既存の神道の分類には入らない、全く独自の仏家神道であり、天台宗内に相伝されてきた天台教理に基づくものです。その特色は、除災招福を基本理念に、徳川家の子孫繁栄と、永遠なる天下支配を目指す政治的なものといわれています。

徳川将軍家は浄土宗ですが、江戸に将軍家の菩提寺として天台宗の寛永寺を建てています。造営に関わった天海は、山名を東の比叡山の意味で東叡山と名づけます。寛永寺は増上寺とともに江戸時代を通じて将軍が葬られる大寺院となります。これは天台僧の天海の影響力によるものです。このように、天海は天台宗の中興の祖でもあり、幕府の精神的支柱の役割も果たしました。

こぼれ話

一切経の開版

天海の学識の高さがよくわかる活動として、天台宗の典籍《てんせき》（書物）の蒐集《しゅうしゅう》と「一切経」の開版（書物の出版）が挙げられます。一切経は、釈迦の教説と関わる、経・律・論の三蔵とその他注釈書を含む経典の総称であり、「大蔵経《だいぞうきょう》」とも呼ばれるものです。天海が国産の一切経開版に力を入れたのは、それが天台宗にとって、あるいは日本の仏教界にとって必要であると考えたからでしょう。将軍徳川家光の援助もあり、一切経の刊行は弟子の公海《こうかい》が天海の遺志を受けて完成させました。

人生は急ぐものではない

解説

天海が蒐集した典籍は天台宗のものはもちろん、医学、儒教、道教、歴史に関するものにまで及びました。こういった天海の多方面にわたる学識が基になり、さまざまな思想、信仰が絡み合った東照宮信仰が誕生しました。このように天海は、一宗派だけではなく、江戸時代全般に影響を及ぼした人物ですが、このような活動は皆彼が60代に入ってからのものでした。

もっと知りたい方へ文献案内

- 圭室文雄／編『政界の導者　天海・崇伝』（日本の名僧15）吉川弘文館

（執筆者：具知會）

近世的仏教秩序を起草した黒衣《こくえ》の宰相《さいしょう》

崇伝《すうでん》

（1569～1633年）

35

出生地　京都

宗派　臨済宗《りんざいしゅう》

本山　南禅寺《なんぜんじ》（京都府）

大事にした経典　不明

著作　『異国日記《いこくにっき》』『本光国師日記《ほんこうこくしにっき》』『本光国師法語《ほんこうこくしほうご》』など

こんな人生

永禄《えいろく》12年（1569年）、京都で生まれました。足利義輝《あしかがよしてる》の家臣一《いっ》色秀勝《しきひでかつ》の子で字《あざな》（実名以外につけた名）は以心《いしん》です。天正《てんしょう》元年（1573年）父と死別して、南禅寺の玄圃霊三《げんぽれいさん》のもとで出家します。26歳で住職資格を得て禅興寺《ぜんこうじ》、建長寺の住職を歴住、慶長《けいちょう》10年（1605年）には37歳で南禅寺270世住持として塔頭《たっちゅう》（大寺院の敷地内にある小寺院や別坊）の金地院《こんちいん》に居を構えました。同13年（1608年）には西笑承兌《さいしょうじょうたい》の後任で、徳川家康のもとで外交文書の書記役となります。その後しだいに頭角を現し、幕政に深くたずさわり、板倉勝重《いたくらかつしげ》とともに公式に寺社行政を行うことになります。崇伝は彼が住んでいた京都南禅寺の塔頭、金地院と同じ名前で、駿府《すんぷ》と江戸にも金地院を開創し、住居ならびに政務の場として活用しました。

崇伝は家康政権の中枢にいながら南禅寺の復興にも努力します。元和《げんな》元年（1615年）7月には全国の寺院の中で唯一紫衣《しえ》*の着用がゆるされました。伴天連《ばてれん》追放令（宣教師追放令）をはじめ、寺院法度、禁中並公家諸法度《きんちゅうならびにくげしょはっと》、武家諸法度《ぶけしょはっと》などの起草に中心的役割を果たします。同5年（1619年）、臨済宗五山派の寺院と僧侶を統制する職である僧録《そうろく》に任じられ、禅院行政の実権を握ることになります。寛永《かんえい》3年（1626年）には、後水尾《ごみずのお》天皇から円照《えんしょう》本光国師《ほんこうこくし》号を与えられました。大坂城攻撃のきっかけの一つとなった京都方広寺《ほうこうじ》大仏殿の鐘銘《しょうめい》問題も崇伝の考えによるといいます。紫衣着用の勅許を幕府が無効であるとしたことに対し、沢庵宗彭《たくあんそうほう》等が抗議書を提出した事件には厳しい処罰を主張しました。同10年（1633年）1月20日、65歳で病没しました。

【紫衣】徳の高い僧に贈る紫色僧衣で、着用には天皇の勅許が必要だった。

教えの特徴

世間の法も仏法と同様に大切である

崇伝は禅僧でありながら、政治にも参加し、徳川幕府の秩序を整えた人物として知られています。特に、江戸幕府が寺院統制のために制定した寺院法度の起草に関わり、近世的仏教秩序の成立に大きな役割を果たしました。

このような活躍ができたのは偶然ではありません。五山の禅僧は幼少の頃より禅語録はもちろん、中国古典を修学して多くの知識を身につけます。加えて、崇伝は文章作成能力にも優れていたため、幕府の外交文書を起草する「文官」として働けたのでした。つまり、将軍の相談や質問に答え、外交文章や法度などの文章作成ができたのは、崇伝の五山僧として豊富な知識と教養に基づいた能力があったからなのです。

こぼれ話

紫衣事件で沢庵らの禅僧と対立

慶長《けいちょう》18年（1613年）6月、幕府は天皇が住持の任命に関わる七ヵ寺の住持就任は、勅許以前に幕府に告知するよう、崇伝が起草した「勅許紫衣之法度」を出します。これに朝廷と僧侶たちが反発しますが、結局幕府の政策を批判した沢庵ら高僧は流罪に処されます。同時期に幕府に仕えながらも宗教的な活動を主にした沢庵、天海と対比する、幕府の立地を固めようとする崇伝の政治家としての面がよく表れた事件です。

世の中には「悪役」をする人も必要

解説

崇伝は能力を認められ、3代の将軍を支える役割を果たした反面、公家・大名・僧侶・庶民からは批判されることも多くありました。しかし、彼の知識を活かした諸法度の起草が、それから約250年続いた徳川政権の基礎となったことは、評価すべきでしょう。

もっと知りたい方へ文献案内

- 圭室文雄／編『政界の導者　天海・崇伝』（日本の名僧15）吉川弘文館

（執筆者：具知會）

権力者に禅の思想を教えても、権力には与《くみ》しない

沢庵《たくあん》

（1573～1645年）

36

出生地　但馬《たじま》（兵庫県）

宗派　臨済宗《りんざいしゅう》

本山　大徳寺《だいとくじ》（京都府）

大事にした経典　『無門関《むもんかん》』

著作　『不動智神妙録《ふどうちしんみょうろく》』『太阿記《たいあき》』『理気差別論《りきしゃべつろん》』『明暗双双集《みょうあんそうそうしゅう》』『東海夜話《とうかいやわ》』など

こんな人生

天正《てんしょう》元年（1573年）12月1日、秋庭《あきば》家に生まれました。10歳の時、出石《いずし》（兵庫県）の唱念寺《しょうねんじ》に入り僧童になりました。4年後、宗《す》鏡寺《きょうじ》内の勝福寺に入り、希先秀先《きせんひでさき》について受戒して秀喜と命名されました。その後、文禄《ぶんろく》元年（1592年）に董甫宗仲《とうほそうちゅう》に付随して上洛し、大徳寺山内にある三玄院の春屋宗園《しゅんおくそうえん》に師事し、法号を宗彭《そうほう》と改めました。修行を重ね、堺の大安寺《だいあんじ》では文西洞仁《ぶんせいとうじん》にも文章や書道を習います。洞仁が亡くなった後は陽春寺《ようしゅんじ》の一凍紹《いっとうしょう》滴《てき》に師事し、慶長《けいちょう》9年（1604年）8月には沢庵の道号を付され、一凍が亡くなってからは陽春寺の守塔比丘《しゅとうびく》（住持死後、住持が退いた庵を保護し奉仕する弟子）を勤めます。同12年（1607年）、大徳寺の第1座に転じ、諸寺院に歴住して、同14年（1609年）、37歳で大徳寺153世の住持となりましたが、3日で退院します。大僊《だいせん》（仙）、養徳の両院に居した間には豊臣秀頼《ひでより》などに招かれたこともありますが、辞してつかず、堺の南宗寺、出石の宗鏡寺などに住して、寺院の再興に尽力します。

寛永《かんえい》3年（1626年）、大徳寺、妙心寺の奉勅《ほうちょく》（天皇の命令を受けること）出世が幕府から禁止されますが、沢庵は古法先規を説いてこの政策を批判しました。そのため同6年（1629年）、出羽《でわ》の上山《かみのやま》（山形県）に配流されます。同9年（1632年）赦免《しゃめん》。その後、幕命を受けて江戸に赴《おもむ》き、同13年（1636年）には江戸城に招かれて宗旨を説きます。同16年（1639年）には将軍家光が品川に創建した東海寺の住持となりました。正保《しょうほう》2年（1645年）1月29日、病にかかり、12月11日に遺偈《ゆいげ》*に「夢」の一字を残して亡くなり、東海寺後山に葬られました。

【遺偈】禅僧が臨終にあたって、心境を漢詩にして弟子たちに示す言葉。

教えの特徴

心の働きが一つのものに執着しないことこそが大切なのだ

沢庵は多くの武士たちと交流関係を持っていました。彼は『不動智神妙録』を記し、剣と禅は一如《いちにょ》（一つのもの）であると伝えました。そこには心が止まって迷う状態について論じられています。武士の場合は、相手に太刀を振ることに心が止まって迷いが生じます。そうなると、自由な働きはできなくなり、相手に切られてしまいます。そうならないためには、まず相手の刀に心を止めず、また相手を切ろうとする自分の心も捨てることで、相手に対しても、自分に対しても無心となるようにと教えています。つまり、剣と禅の究極境地は、無念無想に至ることであり、心の無駄な働きを抑える必要があるということです。沢庵の「剣禅一如《けんぜんいちにょ》」は、武士が大事にする剣の扱いに禅の思想を取り込んで伝えているのが特徴でしょう。

こぼれ話

茶道は平等の世界、道具には執着しない

沢庵は武芸のみならず、豊かな興味教養を身につけていました。彼は茶の湯に関しても詩歌や思想を述べる著作を残しています。茶道はこの世に清《せい》浄無垢《じょうむく》の仏世界を実現するもので、そのためには老若、男女、貴賤《きせん》、貧富とは関係なく、自己存在の価値や人格・尊厳を自覚し、平等の立場をとらなければいけないといいました。また、沢庵は茶道具について、珍品を蒐《しゅう》集《しゅう》する風潮が茶事を贅沢な遊事《あそびごと》にしていると批判しました。

人に勝つより自分自身に勝つ

解説

沢庵と親交した武士、柳《や》生《ぎゅう》宗《むね》矩《のり》との一話があります。道を歩いていた宗矩は、畑で野菜を採っていた沢庵から殺気を感じ、飛び退《の》きます。その宗矩を見た沢庵は、彼に自分で作った幻影に驚いただけであると言い、人に勝つより自分自身に勝たねばならぬ、と諭したといいます。

もっと知りたい方へ文献案内

- 泉田宗健『沢庵　犀の角のごとく一人歩め』淡交社

（執筆者：具知會）

「大蔵経」開版を果たし、
人々を救った名僧

鉄眼道光《てつげんどうこう》

（1630～1682年）

37

出生地　肥後《ひご》（熊本県）

宗派　黄檗宗《おうばくしゅう》

本山　萬福寺《まんぷくじ》（京都府）

大事にした経典　『楞厳経《りょうごんきょう》』『観無量寿経《かんむりょうじゅきょう》』『大乗起信論《だいじょうきしんろん》』『法華経《ほけきょう》』『楞伽経《りょうがきょう》』『円覚経《えんがくきょう》』『般若心経《はんにゃしんぎょう》』

著作　『瑞龍鉄眼禅師仮字法語《ずいりゅうてつげんぜんじかなほうご》』『鉄眼禅師遺録《てつげんぜんじいろく》』『宝蔵国師鉄眼和尚行《ほうぞうこくしてつげんおしょうぎょう》実《じつ》』（すべて弟子の宝洲道聡《ほうしゅうどうそう》編）

こんな人生

鉄眼は寛永《かんえい》7年(1630年)、肥後国益城郡《ましきぐん》(宇城市)に生まれました。7歳の時、信仰のあつかった父より『観無量寿経』を習い暗唱し、13歳になると、出家し、浄土真宗の僧侶となりました。正保《しょうほう》3年(1646年)、西本願寺勧学寮(僧侶の養成機関)の西吟《さいぎん》による『大乗起信論』の講義を受けました。その後、「承応《じょうおう》の鬩牆《げきしょう》*」が起きたこともあり、鉄眼は京都を離れ、明暦《めいれき》元年(1655年)の秋に、長崎へ渡来した黄檗宗の隠元《いんげん》のもとへ向かいました。隠元の弟子である木庵《もくあん》のもとで学んだ後、寛文《かんぶん》元年(1661年)、豊《ぶん》後《ご》(大分県)臼杵《うすき》の多福寺の賢巌《けんがん》のもとで楞厳会《りょうごんえ》(楞厳呪をとなえ安居中の僧侶の無事を祈願する法会)に参加しました。この時に知り合った観海《かんかい》が、後に「大蔵経」(経典の集成)開版事業の編集を担当し、宝洲は実質的な後継者となりました。

寛文3年(1663年)に、中国から大蔵経の購入を決意しましたが、日本で本格的な大蔵経が刊行されていないことを嘆き、後に自らでの大蔵経の開版を誓いました。同9年(1669年)に、黄檗山の隠元にその志を伝えると、万暦版《ばんれき》大蔵経や後の宝蔵院となる黄檗山内の土地などを与えられました。政治的支援者がいなかった鉄眼は、開版の資金集めのために『楞厳経』や『法華経』、『大乗起信論』の講経(経典の講義をすること)を40余国で行って大蔵経開版の意義を説き、延宝《えんぽう》6年(1678年)に一応の大蔵経を完成し、後水尾《ごみずのお》法皇に献上しました。そして、天和《てんな》2年(1682年)、畿内の大飢饉において人々を救済するさなか、53歳で亡くなりました。大蔵経開版に東奔西走《とうほんせいそう》の人生でしたが、その活躍ぶりから「西の救世大士《くぜだいし》」と呼ばれ、後に「宝蔵国師」という称号を与えられました。

【承応の鬩牆】 承応2年、浄土真宗本願寺派の月感《げっかん》と西吟との間に起こった教義論争。

教えの特徴

総合仏教の精神

日本の禅宗が「不《ふ》立《りゅう》文《もん》字《じ》*」を掲げるなか、明から渡来した隠元によって新たに伝えられた黄檗宗では、その当時の中国禅の、禅だけではなく経典も重視する「禅教一致」（ここでの教とは、特に浄土教のこと）、という教えの影響を受け、「念仏禅」が用いられました。師である西吟が禅を学んでいたことが、鉄眼の浄土真宗から黄檗宗への転向をもたらしたと考えられています。

鉄眼の経典を重視する態度は、度重なる講経に顕著ですが、最も重視した経典は、戒律を重視し、中国の華厳・天台・禅で重要視された如来蔵思想を説く『楞厳経』です。「総合仏教」というのがその教えの特徴といえ、このことが鉄眼に大蔵経開版に向かわせることとなったのでしょう。

【不立文字】坐禅などの実際の体験にこそ、仏典の言葉や文字だけでは言い表すことができない真実が存在するという禅宗の基本的立場のこと。

こぼれ話

黄檗版「大蔵経」について

鉄眼には、大蔵経開板のために集めた資金を、近畿地方の大洪水と大飢饉の救済にあてたため、三度目の正直で大蔵経開版にありついたという伝承があります。明版を基本的な底本とした鉄眼の大蔵経は、冊子本であったので、それまでのものとは異なり日本全国に大蔵経が行きわたることを可能にしました。版木の字体は現在の明朝体のもととなり、その印刷様式は原稿用紙の規格(400字詰め原稿のこと)を生み出しました。編集出版、流通、識字率の向上への貢献も、非常に大きいものでした。

教えが人々をつなぐ

解説

鉄眼の大蔵経の開版資金は、講経を通して「教え」に心を動かされた人々の寄付からなっていて、実際に大蔵経の刊記（奥付のこと）には、寄付者の名前・場所・金額などが書かれています。いつの時代も「教え」は大事なものなのです。

もっと知りたい方へ文献案内

- 赤松晋明『鉄眼禅師』弘文堂
- 源了圓『鉄眼』（日本の禅語録十七）講談社
- 木村得玄『初期黄檗派の僧たち』春秋社

（執筆者：木村光仁）

公開図書館造営と「大蔵経」寄進の名僧

了翁道覚《りょうおうどうかく》

（1630～1707年）

38

出生地　出羽《でわ》（秋田県）

宗派　黄檗宗《おうばくしゅう》

本山　萬福寺《まんぷくじ》（京都府）

大事にした経典　『般若経《はんにゃきょう》』

著作　『黄檗《おうばく》天真院《てんしんいん》了翁《りょうおう》覚《かく》禅師《ぜんじ》紀年録《きねんろく》』『仏国《ぶっこく》了翁《りょうおう》禅師《ぜんじ》開堂《かいどう》語録《ごろく》』（ともに弟子の仁峰元善《にんぽうげんぜん》編）、『了翁《りょうおう》祖休《そきゅう》禅師《ぜんじ》行業記《ぎょうごうき》』（弟子の了源・了観編）

こんな人生

了翁は寛永《かんえい》7年（1630年）、出羽国雄勝郡《おがちぐん》（湯沢市）に生まれ、12歳の時に曹洞宗の龍泉寺にて出家し、了然《りょうねん》と名乗りました。14歳になると平泉中尊寺を訪ね、藤原秀衡《ふじわらのひでひら》が奉納した紺紙金《こんしこん》泥《でい》（紺に染めた紙に金泥で経典を書写したもの）の一切経《いっさいきょう》が散逸している様を嘆き、一生の間の「大蔵経」の収集を誓いました。各地で荒行を重ねた後、25歳の時に日本における黄檗宗の祖である隠元《いんげん》のもとに参じます。

寛文《かんぶん》2年（1662年）、大願の成就しないことを嘆き、男根を切断し、翌年には指を燃やし、祈願し続けました。それらの傷の痛みに苦しんでいるさなかに、霊夢に尊敬する黙子如定《もくすにょじょう》という高僧が現れ、薬の処方を教えられます。目覚めた了翁がその通りに薬を飲むと、たちまち傷が癒えました。その効果に驚き、薬に「錦袋円《きんたいえん》」と名づけ、上野池之端に「勧学屋《かんがくや》」という名前の薬屋を開いて販売しました。店は大繁盛し、寛文《かんぶん》10年（1670年）には、天海版大蔵経を購入して寛永寺に寄進し、不忍池に小さな島をつくり経堂（経典の巻物を納めておくお堂）を建てて安置しました。翌年、書物を収蔵する文庫を設立しましたが、これはわが国初めての公開図書館でした。貞享《じょうきょう》元年（1684年）には、僧俗に開かれた学問所である「勧学院（勧学講院）」を完成させました。

その後、寛永寺を含む天台・真言・禅の3宗21ヶ寺に大蔵経を寄進し、14歳以来の誓願を達成しました。元禄《げんろく》7年（1694年）には、江戸を離れ黄檗山（京都）に上り、天真院を建てて自房とし、翌年には、黄檗宗の渡来僧、高泉《こうせん》から付法されました。人々のために奔走した了翁は、宝永《ほうえい》4年（1707年）に78歳で亡くなりました。

天台、密教（真言）、禅の三学を重視

　寄進した大蔵経の朱色で刷り込まれた願文に「台密禅三学沙門《しゃもん》」とあることから、了翁自らは台密禅兼学の立場であったといえます。このことは、念仏禅をとなえた雲居《うんご》に五戒を受けたこと、混淆《こんこう》禅である黄檗宗の隠元に参禅したこと、臨済宗の弁円《べんえん》の「禅教一致」を指針としたこと、天台祖師を祀《まつ》る臨済宗の東福寺の文庫を公開図書のモデルとしたことなどからも明らかでしょう。

　また、戒律や儒教を重視したことからもわかるように、仏教者の風紀の乱れを憂えていたのでしょう。完成当初の勧学院では、天台教学のみならず他宗教学も研鑽《けんさん》され、廃仏論に応えるために儒教が学ばれるなど、仏・儒・道の「三教一致」の精神だったそうです。

こぼれ話

公共図書館の先駆け「勧学院」

了翁が完成させた勧学院は、経蔵、勧学寮（所化《しょけ》寮）、講堂（公開講座のため）、客院、書庫を備え、あらゆる分野の書物を収集し一般に公開するという、今でいう公開図書館のようなものでした。そこで提供した大根などの切れ端を干した漬物が、「福神漬け」となったといわれています。この勧学院は、天海によって創設された天台の「勧学校」を発展させたものであり、後には、関東檀林《だんりん》（僧侶の教学研鑽の場）の中心地となり、現在の大正大学の前身となりました。

質素倹約

解説

了翁は錦袋円の売り上げによって巨万の富を得ましたが、自らのためには一銭も使わず、大蔵経や書物の購入、災害や飢饉の支援、各地での施薬《せやく》（薬を調合して与えること）、寺院への寄進、などにあてました。このことから、「東の如来様」と呼ばれ、人々に慕われました。亡くなった際に、竹篦《しっぺい》＊1本と掛絡《から》＊1頂を残すのみであった了翁の人生は、本当の質素倹約を私たちに教えてくれます。

【竹篦】禅宗で修行者の指導の際に使用する1mほどの法具。たけべら。「しっぺ返し」はこの言葉から。
【掛絡】禅僧が用いる、両肩を通して胸間に掛けて用いる方形の小さな略式の袈裟《けさ》。

もっと知りたい方へ文献案内

- 今沢慈海『了翁禅師小伝』日本図書館協会
- 川瀬信雄『図書館の開創者並に社会事業家　名僧・了翁禅師伝』女性仏教社
- 木村得玄『初期黄檗派の僧たち』春秋社

（執筆者：木村光仁）

全国をめぐり、膨大な数の仏像を彫った遊《ゆ》行《ぎょう》僧

円空《えんくう》

（1632～1695年）

39

出生地　美濃《みの》（岐阜県）

宗派　不明

本山　不明

大事にした経典　不明

著作　不明

こんな人生

円空は寛永《かんえい》９年（1632年）、美濃国に生まれました。その生涯には不明な点が多く、幼い頃に母親と死別したとも、少年時代には伊吹山など美濃国の山々に入って修験道《しゅげんどう》を学んだともいわれています。寛政《かんせい》２年（1790年）に出版された江戸中期の歌人、文章家である伴高蹊《ばんこうけい》の伝記文学『近世畸人伝《きんせいきじんでん》』には、円空が来客や家の盛衰を予知するなど、超人的な能力を発揮したと書かれています。

寛文《かんぶん》３年（1663年）に、円空は美濃国美並村の根村神社で20センチほどの神像３体を制作しました。これらは現在確認されている最古の円空像です。円空は30歳頃から諸国遊行の旅に出たと考えられています。同６年（1666年）には、弘前、津軽を尋ねた後に海を渡り、蝦夷地《えぞち》（現在の北海道）に入って、少なくとも40体以上の像を制作しました。同９年（1669年）頃にいったん故郷の美濃に戻りましたが、またすぐに遊行の旅に出て尾張《おわり》から大和《やまと》に行き、法相宗などの教えを高僧から授かっています。その後も円空は伊勢《いせ》、常陸《ひたち》、下野《しもつけ》、上野《こうずけ》などの各国をめぐり、それぞれの地でおびただしい数の仏像や神像を制作しました。

元禄《げんろく》３年（1690年）頃には再び故郷の美濃に戻り、同８年（1695年）、弟子の円長に後を託した後、盂蘭盆《うらぼん》の日（７月15日）に亡くなりました。

教えの特徴

地方へ行き、人々のために自ら仏像を彫る

円空の生きた江戸時代には仏教が全国各地に広まり、都の大寺院や富裕層の邸宅だけではなく、地方の共同体や家庭でも小さな仏壇を設けて礼拝するようになっていました。また、仏像は専門の仏師によるものだけではなく、彫刻を専門としない僧侶が彫ることもありました。

円空は法隆寺や園城寺《おんじょうじ》などの有名寺院で学んだ僧侶ですが、一つの寺にとどまることなく、全国各地をめぐって無数の素朴な木彫りの仏像、神像を制作しました。その数は合計12万体ともいわれています。

円空の彫った仏像、神像に独特の素朴さや親しみやすさがあるのは、中央で仏教を学んだ僧侶である円空が地方の村にいる人々のため、自ら像を彫ることでさまざまな願いに応えたことを示しています。

こぼれ話

独特な「鉈彫《なたぼり》」と素朴な扉絵

江戸時代に刊行された『近世畸人伝』には「円空もてるものは、なた一丁のみ」と、円空が鉈一本で仏像を彫り上げていたという逸話が残されています。表面に彫り跡を残す「鉈彫」と呼ばれる技法は平安初期頃から存在しますが、円空の造った像はどれもかなり荒々しい彫り跡で、それまでの鉈彫には見られなかった特徴があります。また、円空は志摩の薬師堂と三蔵寺の『大般若経《だいはんにゃきょう》』の各巻に素朴な扉絵を描いており、仏像制作だけではない円空の才能の一面を示しています。

人の求めに応じて行動することが、自分の修行でもあり人生の意義である

解説

円空は全国をめぐってその時その場に応じた像を彫り、人々に託して次の土地へ旅立っていきました。その行動の背景には、仏教の高尚な思想を学んだり説いたりするよりも、出会った人々の苦しみや願いをその場ですくい取りたいという思いがあります。また、その行動こそが円空自身の修行となり、存在意義でもあったともいえるでしょう。

もっと知りたい方へ文献案内

- 長谷川公茂『円空の生涯』人間の科学新社
- 五来重『円空と木喰』（角川ソフィア文庫）KADOKAWA

（執筆者：佐藤もな）

臨済宗中興の祖であり
現在の禅宗の礎《いしずえ》を築いた禅僧

白隠慧鶴《はくいんえかく》

（1685～1768年）

40

出生地　駿河《するが》（静岡県）

宗派　臨済宗《りんざいしゅう》

本山　松蔭寺《しょういんじ》（静岡県）

大事にした経典　『法華経《ほけきょう》』『禅関策進《ぜんかんさくしん》』

著作　『夜船閑話《やせんかんわ》』『槐安国語《かいあんこくご》』『遠羅天釜《おらてがま》』など

こんな人生

白隠は貞享《じょうきょう》2年（1685年）、駿河の原宿《はらしゅく》（沼津市）の長澤家に生まれました。子どもの頃より優秀で、7歳の頃には『法華経』を暗唱したといいます。両親はもともと出家に反対していましたが、15歳の時についに許され、地元の松蔭寺の単嶺《たんれい》和尚のもとで得度し慧鶴の諱《いみな》を得ました。単嶺和尚の死後、詩文に興味をもった時期もありましたが、宝永《ほうえい》元年（1704年）、美濃《みの》（岐阜県）の瑞雲寺《ずいうんじ》の馬翁《めおう》に師事し、『禅関策進』を読んだことを機に、坐禅ひとすじに励むようになりました。その後、多くの師を訪ねましたが、同5年（1708年）24歳の時、越後《えちご》高田の英巌寺《えいがんじ》の性徹《しょうてつ》のもとで坐禅を重ねたある朝、鐘の音を聞いて大悟しました。さらに、信濃《しなの》（長野県）飯山の正受庵《しょうじゅあん》の道鏡慧端《どうきょうえたん》（通称、正受老人《しょうじゅろうじん》）のもとで修行を重ねました。町に托鉢《たくはつ》に出て、ある家の前で経を読んでいた時、その家の老婆に箒《ほうき》で叩かれ追い出されたその瞬間に、さらなる悟りを開きました。

宝永7年（1710年）には、修行のしすぎで禅病《ぜんびょう》（一種のノイローゼ）にかかりましたが、京都北白川の山中の岩窟の中に住む白《はく》幽子《ゆうし》より養生の秘訣である「内観の法」を授かり、すっかり回復することができました（後に『夜船閑話』にまとめられます）。その後、諸国行脚の旅に出て方々で坐禅修行を行いましたが、父の病を機に松蔭寺に戻り、『臨済録《りんざいろく》』、『碧巌録《へきがんろく》』、『原人論《げんにんろん》』等を講じ、自らの禅を提唱しました。以降、諸方の寺での講義に明け暮れ、明和《めいわ》5年（1768年）に松蔭寺にて84歳の生涯を閉じました。

教えの特徴

公案によって養われた注意力をもって感覚機能を意識せよ

臨済宗の有名な公案の一つに「隻手《せきしゅ》の声」というものがありますが、白隠はこの「隻手の声」を聞くように指導しました。両手を打ち合わせる時は音がしますが、片手を上げても音はありません。「隻手の声」は耳で聞くのではないのです。思慮分別することなく、見聞覚知《けんもんかくち》*といった感覚をも離れて、ただ日常生活の中で常にこの「隻手の声」を求めていけば、理屈や言葉もなくなる所において、ぱっと生死という業の根本を断ち切り、無明《むみょう》のおおもとを打ち破って、大きな安堵を得ることができるといいます。白隠は「隻手の声」が少しでも耳に聞こえるのであれば、本当の、仏に備わる6種の超人的な能力である六神通《ろくじんづう》（神足《じんそく》通・天眼《てんげん》通・天耳《てんに》通・他心《たしん》通・宿命《しゅくみょう》通・漏尽《ろじん》通）を得ることまでできるといいます。

【見聞覚知】見ること（眼識）、聞くこと（耳識）、覚《さと》ること（鼻識・舌識・身識）、知ること（意識）の六識を指し、それぞれの働きのこと。

こぼれ話

内観の秘法を授かる

白隠は26歳の時に、修行のしすぎで禅病になってしまいました。禅病を克服するため、北白川の山中に住む仙人である白幽子を訪ね、頼み込んで内観の秘法を授けてもらいました。それは心の気を下の方、丹田に収めるというものでした。内観によりすっかり回復した白隠は、その後、生涯にわたり、この内観の法と坐禅をともに行うことにより、年老いてますます健康を保ち、禅法をより深く極めることができました。

禅僧は浄土を兼ねてはいけない

解説

『藪柑子《やぶこうじ》』や『遠羅天釜』で説かれています。中国から伝わった坐禅と念仏を兼ねる念仏禅というのが知られていましたが、白隠は禅宗は勝《すぐ》れた者、念仏は中くらいより下の者のためであるとし、禅者は念仏をとなえたりはせずに坐禅にのみ励むように戒めました。念仏を禅よりも劣った修行と考えたというよりも、各々が自分に合ったものを選び取ることを勧めたといえるでしょう。

もっと知りたい方へ文献案内

- 芳澤勝弘『白隠　禅画の世界』（角川ソフィア文庫）KADOKAWA
- 高橋敏『白隠　江戸の社会変革者』（岩波現代全書）岩波書店

（執筆者：高柳さつき）

釈尊の仏法への回帰を目指して、
人が人となる道を説いた徳僧

慈雲《じうん》

（1718～1804年）

41

出生地　大坂《おおさか》（大阪府）

宗派　真言宗《しんごんしゅう》

本山　長栄寺《じょうえいじ》（大阪府）

大事にした経典　『四分律《しぶんりつ》』『十地経《じゅうじきょう》』『理趣経《りしゅきょう》』

著作　『方服図儀《ほうふくずぎ》』『十善法語《じゅうぜんほうご》』『人《ひと》となる道《みち》』など

こんな人生

慈雲（諱《いみな》は飲光《おんこう》）は、播磨《はりま》出身の浪人上月安範《こうづきやすのり》の七男として享《きょう》保《ほう》３年（1718年）、大坂中之島に生まれました。同15年（1730年）に13歳で父を喪《うしな》い、その遺命によって大坂田辺の法楽寺、忍綱《にんこう》貞紀《じょうき》和上に従ってやむなく出家。14歳から悉曇《しったん》を習います。15歳になると四度加行《しどけぎょう》を修め、霊感を受けて修行に精進しました。16歳の時、儒学者伊藤東涯《とうがい》のもとで儒学と漢籍を学び、19歳で奈良に遊学し華厳、天台、真言、禅を修学。21歳の時河内《かわち》（大阪府）の野中寺《やちゅうじ》で具足戒《ぐそくかい》を受けました。24歳から３年間、信濃《しなの》（長野県）の正安寺《しょうあんじ》の大梅禅師《だいばいぜんじ》に参禅し印可を得ます。

延享《えんきょう》元年（1744年）、27歳の時、当時荒廃していた河内高井田の長栄寺を弟子たちと再興。仏教界の改革を目指し、32歳で「根本僧律」を定めて正法律《しょうぼうりつ》*の復興を標榜して長栄寺をその実践道場としました。34歳で『方服図儀』を著して袈裟《けさ》の乱れを正したほか、戒学・禅学を諸方で講じるなど精力的に活動します。しかし、この間、和上や弟子たちを喪《うしな》い、宝暦《ほうれき》８年（1758年）、生駒山《いこまさん》に双竜庵を建てて隠棲《いんせい》。根本僧律に則《のっと》って修学と説法に励むとともに、梵（サンスクリット）学研究に専念しました。明和《めいわ》８年（1771年）54歳の時、信者の要請に応じて山を下り京都の阿弥陀寺に滞在。桃園《ももぞの》天皇の中宮、恭礼門院《きょうれいもんいん》などに十善戒を授け、また信者の発願を受けて十善戒に関して説法します。その法話をまとめたものが『十善法語』です。安永《あんえい》５年（1776年）59歳で、葛城山《かつらぎさん》中の高貴寺に再び隠棲。以降『十善法語』を要約した『人となる道』数編をまとめたほか、神道や密教の研究を深めました。最期は阿弥陀寺で87歳の生涯を終えました。

【正法律】「釈尊の正法に則った律」という意味で、慈雲が興した戒律運動のことも指す。

教えの特徴

釈尊の時代の仏法に帰ろう

慈雲は戒律や袈裟などの振る舞いや身だしなみが乱れているのを見て、仏教界を改革する方法として、釈迦当時の仏法への回帰を掲げました。具体的には正法律を提唱して、釈尊以来の三師七証《さんししちしょう》形式の授戒の復興を目指しました。その戒律は厳格でしたが、宗派のこだわりなく門戸を開きました。

また、梵学研究に励み、漢文に翻訳される前の、釈尊の真意をくみ取ろうとしました。その成果は１０００巻からなる『梵学津梁《ぼんがくしんりょう》』に結集します。晩年の『理趣経講義』では翻訳からサンスクリット原典を推定する、先駆的な手法を試みています。一方で、原理主義に陥ることなく儒学や神道にも深い知識を持ち、詩歌や書をよく嗜《たしな》みました。この学問の懐の深さが、仏教内外の書籍を広く利用した『十善法語』に表れています。

こぼれ話

弟子の真情を受け入れて隠棲を思いとどまる師

慈雲は若くから法を求める熱意に満ちていた一方、心に隠棲の志を秘めていました。その本心を見破って26歳の慈雲を思いとどまらせたのが、まだ16歳の少年愚黙《ぐもく》です。師慈雲が「ただ没蹤跡《もっしょうせき》（痕跡を残さず）に山居し、自分だけの法を憶念して居ようと思うばかりだ」と胸の内を明かすのに対して、弟子の愚黙は「それは畢竟《ひっきょう》（結局）菩提心がないというものだ」と率直に反論します。この胸襟《きょうきん》を開いた師弟の対話の末に、慈雲は愚黙らの弟子とともに長栄寺を開いて、正法律に邁進《まいしん》することになりました。

慈雲に学ぶ

「戒法を保つことは難しい。普通の人には及ばない」この一言で皆の目が見えなくなり、ひいては地獄に入る

解説

これは『十善法語』の言葉です。慈雲がすべての人間に通用する道と考えた十善戒は、殺生《せっしょう》・偸盗《ちゅうとう》・邪淫《じゃいん》・妄語《もうご》・綺語《きご》・悪口《あっく》・両舌《りょうぜつ》・貪欲《とんよく》・瞋恚《しんに》・邪見《じゃけん》を禁じています。本当は破ることのほうが難しいはずの人間本来の道に、「難しい」と言葉にしてしまうこと、これこそが道から外れる原因になってしまうのです。

もっと知りたい方へ文献案内

- 小金丸泰仙『慈雲尊者の仏法　この世のまことを生きる』（NHK宗教の時間）NHK出版
- 岡村圭真『慈雲尊者　その生涯と思想』（岡村圭真著作集第二巻）法藏館

（執筆者：木村和樹）

第4章

明治～昭和時代（近・現代）

為政者《いせいしゃ》（政治を行う者）は仏教を政治から切り離し、代わりに神道に社会をリードさせようとします。そのために「蓄髪妻帯《ちくはつさいたい》勝手足るべし」という太政官符《だいじょうかんぷ》が出されます。しかし実際には、難局を乗り越えるために仏教者たちが頑張った時代でした。近代的政治制度を各宗門が取り入れ、大学をつくったり僧侶を海外に派遣したりと、さまざまな活動が行われます。海外からも多くの僧侶が来日します。ともすれば社会のニーズに合わせようとする姿勢が強く出すぎて、戦争協力など負の側面も生じました。大乗仏教は仏の説いたものであるとする考え方が認められていく時代でもありました。

42

明治の仏教危機の難局に立ち向かった高僧

福田行誡《ふくだぎょうかい》

（1809～1888年）

出生地　武蔵《むさし》（東京都）

宗派　浄土宗《じょうどしゅう》

本山　知恩院《ちおんいん》（京都府）

大事にした経典　「大蔵経《だいぞうきょう》」

著作　『伝語《でんご》』『寒林集《かんりんしゅう》』など

こんな人生

福田行誡は幼くして出家し、仏教のみならず、漢文や和歌についても精通していました。歌人として『寒林集』など多くの詩歌集を著し、平安時代に活躍した歌人になぞらえて、「明治の西行《さいぎょう》」と称されました。

仏教についての豊富な知識をいかし、『大乗《だいじょう》起《き》信論《しんろん》』や『維摩《ゆいま》経《きょう》』、『無《む》量寿経《りょうじゅきょう》』など多くの仏教書について講義を行っていました。多くの教えに通じていたことから「八宗《はっしゅう》の泰斗《たいと》*」とも評され、多くの弟子が師事しました。

さらに、明治の廃仏《はいぶつ》毀《き》釈《しゃく》に際して、仏教界の精神的支柱として活躍しました。行誡は仏教の難局を打開すべく60歳を目前にして立ち上がりました。堕落していた仏教者を戒めてこれまで積み上げられてきた仏教の教えをしっかりと学ぶべきと主張し、仏教界全体をまとめ上げようとしたのです。その際に、仏教者に対して、「大蔵経」という仏教の重要経典類をまとめた大部の書物を一度通読すべきと説きました。大蔵経を通読することを求めた行誡は、複数種類あったこれまでの大蔵経をまとめ、間違いの修正などをして、『大日本校訂大蔵経』という一大書物を刊行しました。

このような仏教に対する姿勢から、福田行誡は「明治第一の高僧」と評されたり、「明治仏教界の四傑」の一人として数えられました。明治21年(1888年) 4月25日、80歳で亡くなりました。

【八宗の泰斗】八宗とは、平安時代までに日本に伝来した仏教の宗派のこと。泰斗は、ある分野で最も高く評価され、尊敬される人の例えのこと。

教えの特徴

すべての宗派を学んで初めて本当の仏教者になれる

福田行誠は兼学することの重要さを主張していました。仏教は多くの教えから成り立っています。現在日本には、有名なところでは真言宗や天台宗、浄土宗など多くの宗派が存在しています。宗派によって大事にする経典が異なり、他の宗派で大事にされている経典を学ぶことは少ないです。

しかし、行誠は本当の仏教者になるためには、一つの宗派の中だけで学問を修めるのではなく、すべての宗派の教えを網羅して学ぶこと、つまり「兼学」が必要だとしました。兼学の重要さを説く中で、水に例えて、このようにいっています。

「大きい水であれば大きな魚が生まれるが、小さな水にはめだかも生まれない」

ここでいう「大きい水」というのは兼学のことを指し、「小さな水」というのは一つの宗派だけの勉強をすることを指します。

こぼれ話

行誠の人徳が人々を惹きつける

福田行誠は57歳の頃に東京の両国にある回向院《えこういん》の住職となります。もともと住職となることを望んでおらず、学問を修めることを第一に考えていました。しかし、行誠が徳の高い僧侶であることから、ぜひ住職になってほしいと懇願されます。一度は断りましたが、回向院の檀家たちがこぞって行誠に帰依したことをきっかけに、住職になることを引き受けたそうです。

一つに打ち込む真摯な姿勢

解説

非常に天気のよい日に石《いし》村《むら》桐《とう》陰《いん》という儒学者が、福田行誡を訪ねてやってきます。そこで行誡は、その儒学者に向けて「今日はまことによいお天気で、気分も清々しい。こんな日に仏前で読経をしたならば定めてありがたいことだろうに」と言ったそうです。普通であれば、天気の日には遊ぼうと考えますが、行誡はよい日だからこそ読経をするべきと考えたのです。一つに打ち込む真摯な姿勢は、我々も見習わなければならない姿だといえるでしょう。

もっと知りたい方へ文献案内

- 福田行誡／著、大正大学・福田行誡上人全集刊行会／編『平成新修福田行誡上人全集』USS出版

（執筆者：赤塚智弥）

明治の戒律復興運動を展開した真言僧

釈雲照《しゃくうんしょう》

（1827～1909年）

43

出生地　出雲《いずも》（島根県）

宗派　真言宗《しんごんしゅう》

本山　金剛峯寺《こんごうぶじ》（和歌山県）、東寺《とうじ》（京都府）

大事にした経典　経典ではなく戒律を重視した

著作　『大日本国教論《だいにほんこっきょうろん》』『孝《こう》と十善戒《じゅうぜんかい》』など

こんな人生

釈雲照は幕末に生まれ、明治時代に活躍した僧侶です。真言宗にて出家し、若い頃は高野山を拠点として勉学に励んでいました。

明治時代には廃仏毀釈《はいぶつきしゃく》という、仏教を排斥する出来事が起こりました。釈雲照はこの排斥運動を受けて、仏教を守るために戒律復興運動を展開しました。仏教では仏様の教えである「経典」、その経典の内容を解説したものである「論」、そして守らなければならないルールである「戒律」という3つが重視されます。その中でも雲照は特に戒律を重視しました。江戸時代後期に活躍した真言宗の僧侶である慈雲尊者が重視した「十善戒」という10個の戒律があります。雲照は特に十善戒を重視し、「十善会」というグループを組織します。この十善会での活動を軸にして、戒律を重視した教育機関である「目白僧園」を設立しました。雲照は、教えを広めるためには、弟子を育成することも重視していたことがわかります。

また、雲照は「後七日御修法《ごしちにちみしほ》」という法要を再開することを明治政府に申し出ます。後七日御修法とは、空海が平安時代に宮中の真言院で始めた法要で、毎年1月8日から1月14日まで行われる、国家安泰をはじめ五穀豊穣《ほうじょう》や世界平和などを祈念する行事です。事情により中断されていましたが、雲照の申し出により、現在まで京都の東寺において後七日御修法が続いています。

明治32年(1899年)には、真言宗御室《おむろ》派の本山である仁和寺《にんなじ》の門跡《もんぜき》となります。同42年(1909年)4月13日に83年の生涯を閉じました。

教えの特徴

信じることと智慧《ちえ》は一体

釈雲照は「仏法大海《ぶっぽうたいかい》、信為能入《しんいのうにゅう》、智為能渡《ちいのうど》」という言葉を用いて、信じることと智慧の獲得は一体であることを説いていました。この言葉はインドの仏教書『大智度論《だいちどろん》』という書物に出てきます。仏法という大いなる海は、「信」が無くては入ることができず、「智慧」が無くては渡ることができない、というような意味で、雲照は信じることと合わせて、仏教のルールである戒律を守って、修行をし、智慧を獲得するということが重要だと考えていたのです。

　このような仏教の大本《おおもと》に立ち帰る教えを主張した背景には、仏教が徐々に廃れていく様子を目の当たりにしたことや、西洋的な思想が流入していたことがありました。仏教を今一度立て直さねばならぬ、という意思を感じます。

こぼれ話

当時から高僧として知られていた釈雲照

釈雲照は福田行誡とともに、「明治仏教界の四傑」の一人に数えられ、仏教界で高く評価されていました。また、明治の傑出した12人として、仏教界からは雲照が選ばれています。『明治十二傑』という政治・文学・宗教・教育などの12分野の優れた人物を1人ずつ紹介する本の中で、伊藤博文や福沢諭吉、渋沢栄一といった現代にも名を残す人物たちとともに紹介されました。このように、生前から仏教界だけでなく、社会的にも高く評価されていた人物でした。

本道を歩かずにどこを歩くのか

解説

まだ戊辰戦争《ぼしんせんそう》によって街に血なまぐさい事件が絶えなかった明治元年（１８６８年）の話です。弟子が、危険だからと本道を歩かず脇道《わきみち》を歩くことを申し出た時に、釈雲照は「本道を歩かずにどこを歩くのか」と言いました。すると、武士たちが本道を歩く雲照のもとにやってきて、救いを求めてきました。その場で仏法をとき、十善戒を授けたそうです。このように、自分の信念を曲げずにいれば、救いを求める人の助けになるということを雲照自身がしっかり体現しているのです。

もっと知りたい方へ文献案内

- 草繋全宜『釈雲照』徳教会
- 亀山光明『釈雲照と戒律の近代』（日本仏教史研究叢書）法藏館

（執筆者：赤塚智弥）

政教分離や信教の自由のために尽力した僧侶

島地黙雷《しまじもくらい》

（1838～1911年）

44

出生地　周防《すおう》（山口県）

宗派　浄土《じょうど》真宗《しんしゅう》本願寺《ほんがんじ》派《は》

本山　西本願寺《にしほんがんじ》（京都府）

大事にした経典　「浄土三部経《じょうどさんぶきょう》」（『無量寿経《むりょうじゅきょう》』『観無量寿経《かんむりょうじゅきょう》』『阿弥陀経《あみだきょう》』の3経典をあわせた総称）

著作　『御法《みのり》伊呂波《いろは》具《く》ど木《き》』『真宗大意《しんしゅうたいい》』『念仏往生義《ねんぶつおうじょうぎ》』など

こんな人生

島地黙雷は天保《てんぽう》９年（1838年）２月15日、周防国佐波郡（周南市）の本願寺派専照寺《せんしょうじ》に、円随《えんずい》とカメの第６子（４男）として生まれました。幼少時代、正信偈《しょうしんげ》、和讃、三部経、五経（『易経』『詩経』『書経』『礼記』『春秋』）を熟知し、乗園寺の錦園塾《きんえんじゅく》に入り漢籍を学びました。嘉永《かえい》２年（1849年）、12歳の時、妙蓮寺の養嗣子《ようしし》（家督相続人となる養子）となり修学しますが、安政《あんせい》４年（1857年）に養家を出て、光照寺（熊本県）の真宗僧侶の原口針水《はらぐちしんすい》に師事。慶応《けいおう》２年（1866年）には山口県山口市の妙誓寺《みょうせいじ》に移り、住職となり、島地姓を名乗ります。明治元年（1868年）、西本願寺の行政改革に参じ、明治政府の神仏分離令をきっかけとする廃仏毀釈《はいぶつきしゃく》に対抗します。同５年（1872年）、赤松連城《あかまつれんじょう》らとともに海外教状視察（海外の宗教状況調査）のため欧州等へ渡り、12月には渡航先のパリから「三条教則批判建白書《さんじょうきょうそくひはんけんぱくしょ》」を明治政府に提出し神道国教化を批判しました。翌年に帰国後、キリスト教打倒のための「政教の分離」や「信教の自由」を主張します。明治政府により造られた神仏合同の道場である大教院《だいきょういん》を分離させる運動の先頭に立ち、同８年（1875年）５月に大教院は解散します。

明治10年（1877年）、鹿児島に出張、布教に着手します。鹿児島より戻ってからも布教活動が存分にできるための環境づくりに精を出します。同12年（1879年）には主に東京で活動しながら、白蓮《びゃくれん》社、女子文芸学舎などの結成、創立に加わるなど、布教活動に尽くします。監獄教誨《きょうかい》、軍隊布教にも尽力しました。同25年（1892年）、岩手県盛岡市の願教寺の住職となり、同27年（1894年）には宗門学階の最高位勧学《かんがく》に上りました。最晩年に至るまで各地への布教に努め、明治44年（1911年）２月３日に74歳で亡くなりました。

教えの特徴

仏教のみが浄土へ往生する唯一の道である

明治維新以来、仏教は廃仏毀釈とキリスト教の布教などで大変な危機を迎えていました。そうしたなか、黙雷は仏教のゆくえを追求し、日本で宗教に値するのは仏教のみであると考え、キリスト教打倒のための政教分離や、信教自由を主張しました。

さらに黙雷は、仏教の中でも一神教である浄土真宗こそが最も宗教らしいものだといいました。そして、自著『念仏往生義』の中で、浄土へ往生するための唯一の方法は、念仏往生であり、浄土真宗の教義は念仏往生に関するもののみだということを主張します。

こぼれ話

維摩《ゆいま》の一黙《いちもく》、雷の如《ごと》し

『維摩経』で維摩は諸菩薩に「入不二法門《にゅうふにほうもん》」（絶対平等の境地）について尋ねました。諸菩薩は見解を述べましたが、文殊《もんじゅ》は一切法について言ったり、説いたり、認識したりせず、すべての問答を離れていることだと答えました。今度は文殊が維摩に問いましたが、維摩は黙ったままでした。維摩は言葉で表現しえない「入不二法門」を沈黙によって表したのでしょう。文殊は維摩の沈黙を賛嘆しました。このエピソードは後世「維摩の一黙、雷の如し」と言われ、黙雷の名もこれに由来したものです。

仏祖の本意は教にあり、寺院はその教場である

解説

黙雷は、仏教のゆくえ、僧侶のあり方を見定め、寺院や僧侶の活動の中でも布教が核心であると強調しました。葬式仏教は仏教本来の姿ではない、教を中心とする仏教を目指すべきであると。僧侶は常に仏法を学び、仏の教えを広めるべきであると教えました。

もっと知りたい方へ文献案内

- 山口輝臣『島地黙雷　「政教分離」をもたらした僧侶』（日本史リブレット人088）山川出版社

（執筆者：金慧珍）

西洋の仏教学を持ち帰った、
日本の近代仏教学の祖

南条文雄《なんじょうぶんゆう》

（1849～1927年）

45

出生地　美濃《みの》（岐阜県）

宗派　真宗大谷派《しんしゅうおおたには》

本山　東本願寺《ひがしほんがんじ》（京都府）

大事にした経典　『無量寿経《むりょうじゅきょう》』『阿弥陀経《あみだきょう》』『法華経《ほけきょう》』『楞伽経《りょうがきょう》』など

著作　『大明三蔵聖教目録《だいみんさんぞうしょうぎょうもくろく》』（英訳）『梵文法華経《ぼんぶんほけきょう》』『懐旧録《かいきゅうろく》』など

こんな人生

南条文雄は嘉永《かえい》２年（1849年）、美濃国大垣藩（大垣市周辺）の誓運寺《せいうんじ》（真宗大谷派）の３男として生まれました。慶応《けいおう》２年（1866年）には、幕末の騒乱の中、大垣藩の僧兵となりましたが、僧兵隊が解散された後に学問を志します。京都の高倉学寮《たかくらがくりょう》や越前《えちぜん》（福井県）において、仏教や漢文を学びました。

明治になると、仏典のサンスクリット語*原典が西欧で研究されていることが明らかになり、東本願寺も自宗の僧侶を外国に派遣し、サンスクリット語の仏典を学ばせようとしました。そこで白羽の矢が立ったのが、南条文雄でした。明治９年（1876年）、南条は同じ宗派の笠原研寿《かさはらけんじゅ》とともに、イギリスのオックスフォード大学に留学し、宗教学者であるマックス・ミュラーの指導のもとで、サンスクリット語仏典の研究を始めます。２人はヨーロッパの実証主義的な文献学の手法を身につけて、『無量寿経』や『阿弥陀経』といったサンスクリット語仏典の校訂（古書などの本文を、諸本と比べ合わせて正すこと）や、漢語大蔵経目録の英訳を行いました。笠原は研究の途上で病気になり帰国し、翌年命を落としましたが、南条は学位を獲得して、同17年（1884年）に日本に帰国し、近代的な仏教学を日本に伝えます。

帰国後、南条は東京大学の梵語学《ぼんごがく》講師や真宗大学（現在の大谷大学）の教授に任じられ、自らが学んできた新しい仏教学の知識や手法を後進の学生たちに伝えます。さらに、『楞伽経』や『法華経』といった経典のサンスクリット語原典の校訂を行い出版するなど、昭和２年（1927年）に79歳で亡くなるまで、精力的に研究も続けました。

【サンスクリット語】インド・ヨーロッパ語族に属し、インドの古典語の一つである。宗教や学問等の分野で使用され、仏教の原典にも、サンスクリット語で書かれたものがある。中国や日本では梵語とも呼ばれる。

原典を学ぶことが大切である

近代以前に日本で行われていた仏教研究の方法論は、中国や日本で記された漢文のテキストを対象として、宗門における伝統的な理解に従って、各宗派の祖師たちの思想を解釈するものが中心でした（ただし、江戸時代中期の思想家、富永《とみなが》仲基《なかもと》などの批判的研究も存在していました）。一方、南条が西洋で学んだ仏教研究は、サンスクリット語などのインド系諸語で記された仏典やチベット語訳、漢訳を比較しつつ、宗派という観点にとらわれることなく、批判的にテキストを分析する実証主義的なものでした。

南条は、日本における伝統的な仏教研究の土台の上に、西洋の仏教研究の成果と方法論を導入することによって、日本における近代的な仏教研究の礎《いしずえ》を築いたのです。

こぼれ話

僧兵時代の経験

南条の青年期は、まさに幕末から明治への変革期に当たります。社会の混乱の波は南条の住む大垣藩にも押し寄せ、南条は藩が編成した僧兵隊に加わります。しかし、実戦に臨むことなく、僧兵隊は解散したようです。この異色の経歴をオックスフォード大入学時に、マックス・ミュラー教授への履歴書に記したところ、ミュラー教授は、「おもしろい履歴だなあ」と笑ったそうです。また、幼少期に体が弱かった自分が80歳近くまで長生きできたのは、僧兵隊の訓練で体を鍛えたからだと振り返っています。

為《い》法《ほう》不《ふ》為《い》身《しん》
自分の身を顧《かえり》みず、真理の為《ため》に行動する

解説

「為法不為身」とは、北宋時代の仏教者である契嵩《かいすう》の言葉です。南条は、若き日にこの言葉に出会ってから、終生この言葉を大切にしたといいます。自分の身を顧みることなく、幕末から昭和初期に至る長い生涯を尽くして、学問を続け、真理の追究に努めたのです。

もっと知りたい方へ文献案内

- 前嶋信次『インド学の曙』（ぼんブックス９）世界聖典刊行協会
- 南条文雄『懐旧録　サンスクリット事始め』（東洋文庫359）平凡社

（執筆者：小林遼太郎）

体当たりで近代と格闘した、
自立自存の仏教学者

村上専精《むらかみせんしょう》

（1851～1929年）

46

出生地　丹波《たんば》（兵庫県）

宗派　真宗大谷派《しんしゅうおおたには》

本山　東本願寺《ひがしほんがんじ》（京都府）

大事にした経典　『愚禿鈔《ぐとくしょう》』

著作　『仏教統一論《ぶっきょうとういつろん》』『予《よ》が真宗大谷派《しんしゅうおおたには》の僧籍《そうせき》を脱《だっ》するの告白書《こくはくしょ》』
『六十一年《ろくじゅういちねん》　一名赤裸裸《いちめいせきらら》』など

こんな人生

村上専精は、嘉永《かえい》４年（1851年）４月、丹波国氷上郡《ひかみぐん》の真宗大谷派教覚寺《きょうかくじ》に生まれました。苦学して漢籍、仏典、剣術、旧約聖書などを学び、明治８年（1875年）に三河の入覚寺《にゅうかくじ》の養子となります。こうして住職となったものの、専精は学問によって身を立てたいという志を捨てがたく、因明《いんみょう》（仏教論理学のこと）を研究、さらには家族や檀家の猛反対を乗り越え、同13年（1880年）に京都の貫練教校《かんれんきょうこう》（東本願寺による教育機関）に入学します。卒業後の同20年（1887年）には、東京の曹洞宗大学林《そうとうしゅうだいがくりん》（現在の駒澤大学）の講師となりました。

明治23年（1890年）に帝国大学講師となりますが、その頃の学界では仏教に対して、歴史的な研究方法が求められていました。そこで専精は仏教史研究に打ち込んだ結果、同32年（1899年）に文学博士号を得ました。同34年（1901年）には主著『仏教統一論　第一編』を出版しますが、大乗仏教は歴史的人物であるブッダの教えから発展した、という同書の記述が批判されたため、専精は真宗大谷派の僧籍を約10年離れることになりました。その後、同38年（1905年）に東洋女学校を創立しただけでなく、実業家、安田善次郎からの寄付を得て大正６年（1917年）、東京帝国大学印度哲学講座が開設されると、初代教授となります。また東大の安田講堂も、専精が安田から得た寄付をきっかけとして建築されました。

大谷派復籍後の大正15年（1926年）には大谷大学学長となりますが、翌年から体調を崩し、昭和４年（1929年）10月31日、79歳で亡くなります。権大僧正《ごんのだいそうじょう》と正四位《しょうしい》の位を贈られ、香厳院釈《こうごんいんしゃく》専精《せんしょう》講師と呼ばれました。

教えの特徴

仏教は、統一的に研究されなければならない

明治期には、東京帝国大学において批判的・科学的な視点から仏教を研究することが強く求められた一方、日本仏教各宗派では、信仰を基盤とした伝統的な仏教教学が伝承されていました。村上専精は主著『仏教統一論』において、アカデミックな仏教研究の成果を取り入れ、仏教の開祖ブッダを超人ではない歴史上の人物とみなしつつ、彼が獲得した涅槃《ねはん》から日本仏教各宗派に通じる教理へと発展したと論じました。

『仏教統一論』は、在来の仏教と近代という新たな時代とをつなぐと同時に、アカデミックな批判的仏教研究と伝統的に培われた仏教思想とが一つの学問分野をなすきっかけとなりました。こうして生まれた学問を近代仏教学と呼びます。

こぼれ話

「不住道人《ふじゅうどうじん》」の「赤裸裸《せきらら》」な生涯

「不住道人」とは専精が用いた号の一つです。この名前の通り専精は、少年期に他家を点々とし、住職になっても寺を出、時には宗派の籍を離れ、さまざまな学問を学び、近代日本仏教の問題にも次々と立ち向かうというように、精力的に立ち止まることなく生き抜きました。61歳の時の自伝は副題を「赤裸裸」といいますが、怯《ひる》まず、飾らず、不格好にみえても体当たりで進んでいく専精の人生を、ズバリと言い表しているでしょう。

人生は航海のようなもの、自己修養という燃料なしには進まない

解説

村上専精は自身の志を成し遂げるため、一生涯にわたって蒸気機関のように進み続けました。それと同時に自らを修養（知識や徳を磨き、人格を高めること）することを重視し、講演や著書などでその必要性を社会に訴え続けました。このフレーズは、専精が大正７年（１９１８年）９月10日に自訓として記した言葉に基づきます（『東洋女子学園六十年史』）。自らを修めることが、生涯にわたって進む原動力となることを教えています。

もっと知りたい方へ文献案内

- 村上専精『仏教統一論　第五篇　実践論下巻』東方書院
- 可児虎夫／編『東洋女子学園六十年史』東洋女子学園
- 八十年史編纂委員会／編『東洋女子学園八十年史』東洋女子学園
- オリオン・クラウタウ／編『村上専精と日本近代仏教』法藏館

（執筆者：一色大悟）

近代仏教界を代表する哲学者・教育者

井上円了《いのうええんりょう》

（1858～1919年）

47

出生地　越後《えちご》（新潟県）

宗派　真宗大谷派《しんしゅうおおたには》

本山　東本願寺《ひがしほんがんじ》（京都府）

大事にした経典　特になし

著作　『真理金針《しんりこんしん》』『仏教活論序論《ぶっきょうかつろんじょろん》』『妖怪学講義《ようかいがくこうぎ》』『奮闘哲学《ふんとうてつがく》』など

こんな人生

井上円了は安政《あんせい》５年（1858年）、越後国長岡藩（長岡市周辺）の慈光寺《じこうじ》（真宗大谷派）に生まれました。幼少期より頭脳明晰《めいせき》であった井上は、幕末期から明治初期という変革の時代の中、長岡で漢学と洋学（西洋の学問）を広く学びます。

その後、東本願寺が次代を担う人材を教育するために設置した教師《きょうし》教校《きょうこう》を経て、明治14年（1881年）に、東京大学文学部哲学科に入学しました。東京大学においてフェノロサからドイツ哲学を学ぶと、仏教にも西洋哲学と同様の真理が見られることに気づきました。西洋哲学を通じて、仏教思想の中に真理があることを再認識した井上は、以後、近代の欧化政策で停滞した仏教を復興させることを目指します。東京大学卒業後、宗教哲学研究を進めつつ、『真理金針』や『仏教活論序論』といった著作で仏教の卓越性を説き、仏教界の覚醒を促します。

そして、明治20年（1887年）、井上は、麟祥院《りんしょういん》（東京都文京区）内に、哲学館（後の哲学館大学、現在の東洋大学）を設立しました。その建学の精神の根底には、日本的精神の育成と、諸学の基礎としての哲学の考究とを調和させる「護国愛理《ごこくあいり》」の思想がありました。

その後、学校の設立や運営といった学校教育振興の傍ら、講演活動等を通じた社会教育活動にも精力的に取り組みます。いわゆる「妖怪学《ようかいがく》」の研究も、根拠のない迷信の真実を解明することで、民衆の啓発を目指すものでした。井上は、大正８年（1919年）、61歳の時に講演先の中国、大連で急死するまで、教育活動に従事し続けたのです。

教えの特徴

仏教は生活の規範

井上の哲学のよりどころとなったのは、西洋哲学と仏教でした。井上によれば、ヘーゲルの思想と仏教思想は、相対と絶対の同一を説く点で共通しており、彼自身も相対的な現実の現象に絶対的なものを見出すことができると主張しています。

井上のこのような哲学は観念的な次元にとどまるものではなく、むしろ、現実の具体的な場面の中で実践されるべきものでした。例えば、哲学は生活に直接役に立つわけではないが、社会の中で適切に生活する上での基準となると井上は考えていました。さらに、『奮闘哲学』において、哲学の目的は人生を向上させることであるとも説いています。井上にとっての哲学とは、日常生活での実践を伴うものであったといえます。彼が生涯にわたって取り組んだ教育活動は、生活の基礎をなす哲学を民衆に広めることを目的としていました。

こぼれ話

妖怪学者、井上円了

井上円了は妖怪学者としても知られます。世間の不可思議な怪奇現象を、合理的に、また科学的に解明しようとしたところに井上の妖怪学の特徴があります。古書や民間伝承中の怪奇のエピソードを収集して分析し、ある時は実験を行ったこともありました。怪奇のエピソードを科学的に分析・分類する井上の妖怪学の目的は、実体のない妖怪の正体を明かして、迷信に惑う民衆の不安を取り除くと同時に、科学や人知の及ばない本当の神秘の存在を明らかにすることにありました。

欠くれば満つる世の習い

解説

「すべてのものが絶え間なく変化する」という無常観は、「満つれば欠くる世の習い」という悲観にもなる一方で、「欠くれば満つる世の習い」という楽観にもなると『奮闘哲学』の中で説きます。井上は、無常観を楽観的に読み替えて、悲観に沈むことなく、活動的に生きることを勧めました。

もっと知りたい方へ文献案内

- 竹村牧男『井上円了　その哲学・思想』春秋社
- 菊地章太『妖怪学の祖　井上圓了』（角川選書）角川学芸出版

（執筆者：小林遼太郎）

日本人で初めて
チベットの都ラサに入る

河《かわ》口《ぐち》慧《え》海《かい》

（1866～1945年）

48

出生地　和泉《いずみ》（大阪府）

宗派　黄檗宗《おうばくしゅう》

本山　萬福寺《まんぷくじ》（京都府）

大事にした経典　『法華経《ほけきょう》』『大日経《だいにちきょう》』『勝鬘経《しょうまんぎょう》』『維摩経《ゆいまきょう》』「浄土三部経《じょうどさんぶきょう》」など

著作　『在家仏教《ざいけぶっきょう》』『チベット旅行記《りょこうき》』『入菩薩行《にゅうぼさつぎょう》』（河口慧海訳）など

こんな人生

慧海は慶応《けいおう》2年(1866年)、和泉国堺に生まれ、明治23年(1890年)、25歳の時に得度しました。その後、一切経《いっさいきょう》などの仏典研究に専念するなかで、仏典を正しく理解するにはサンスクリット語原典にあたらなければならないという思いが強くなります。しかし、サンスクリット語原典の多くは散逸してしまっていました。そこで、原典に最も忠実に訳されているといわれるチベット語訳仏典を調査する必要があるという思いに至り、当時鎖国状態にあったチベットへの旅を志すようになります。なお、同時期にチベットへの入国を試みた者に能海《のうみ》寛《ゆたか》、寺《てら》本婉雅《もとえんが》、多田等観《ただとうかん》、青木文教《あおきぶんきょう》がいます。

明治30年(1897年)、河口慧海は神戸を出発し、インドのダージリンに到着します。ダージリンではチベット入国のための情報収集とともに、チベット語の学習に励みました。同33年(1900年)、ネパール経由の旅の末、チベットへの入国を成し遂げます。翌年にはチベット仏教最大宗派であるゲルク派の三大本山の一つ、セラ寺への入山が許可され、そこで3年間仏教を学びました。日本に帰国すると、一連の旅の出来事を東京の『時事新報』、『大阪毎日新聞』に連載した後、『チベット旅行記(上・下)』を出版し、多くの読者を魅了しました。その後まもなくして、2度目のチベット入国を果たします。

大正15年(1926年)には『在家仏教』を出版し、仏教徒としての生き方について論じています。昭和20年(1945年)2月24日、80歳で亡くなるまでの間、日本仏教界のためにチベット語指導や仏典翻訳に努めました。チベットから持ち帰った仏典などの貴重資料は東洋文庫や東京大学、大正大学、東北大学などの研究機関に寄贈され現在に至ります。

教えの特徴

釈尊の教えに従って道徳的に生きる

仏教徒としてよりどころとすべきものは、釈尊の説いた教えとその主旨を正しく解釈したすべての仏典であって、偽経《ぎきょう》*や特定のいくつかの経典のみを信仰するのは誤りであるとしています。

また、サンスクリット語およびチベット語訳仏典を通して戒律を学ぶ中で、自身が真の比丘《びく》*ではなかったと反省しています。その上で、出家比丘と称しながら堕落した日常を送るような欺瞞《ぎまん》に満ちた生活はやめ、在家僧として現代社会とともに道徳的に生きることの重要性を説いています。

【偽経】「経」という名をもつが、インド由来ではなく中国などで作られた仏典。
【比丘】出家者僧団で生活していく上での守るべき規則（戒律）を完全に具えた男性修行者。

こぼれ話

セライ・アムチー（セラ寺の医者）

慧海は漢方や接骨術などの知識を備えていたため、チベットへの旅の途中、病で困っている人々にたびたび治療を施していました。チベットに到着し、セラ寺に入った後も治療を必要とする人々を救っていると、彼の名医としての評判は瞬《またた》く間に広がり、セライ・アムチー（セラ寺の医者）の名で街中に知れ渡りました。ついにはダライ・ラマ法王（13世）にもその名が届き、彼はノルブリンカ宮殿に招待されることなり、法王に謁見《えっけん》することができました。

断《だん》事《じ》観《かん》三《さん》昧《まい》

物事を判断するにあたって無我の境地に入る

解説

この言葉は『チベット旅行記』に何度か出てくる言葉です。慧海はチベットへの旅の途中、進むべき道や取るべき行動など理屈によっては判断ができない場合、ひたすら坐禅を組み、我を忘れることに専念しました。そして我を忘れるなかで、ある観念が発見されたとき、その観念に従って物事を判断し行動しました。

もっと知りたい方へ文献案内

- 河口慧海『チベット旅行記　上・下』（講談社学術文庫）講談社
- 河口正『河口慧海　日本最初のチベット入国者』春秋社

（執筆者：和田賢宗）

独自の禅思想を築くとともに、
世界へZENを紹介した居士《こじ》

鈴木大拙《すずきだいせつ》

（1870～1966年）

49

出生地　石川県

宗派　臨済宗《りんざいしゅう》（出家はせず、在俗の修行者として参禅）

本山　円覚寺《えんがくじ》（神奈川県）

大事にした経典　『金剛般若経《こんごうはんにゃきょう》』など

著作　『日本的霊性《にほんてきれいせい》』『禅《ぜん》の思想《しそう》』『浄土系思想論《じょうどけいしそうろん》』など
英文著作として『Outlines of Mahayana Buddhism』（『大乗仏教概《だいじょうぶっきょうがい》論《ろん》』）『Zen and Japanese Culture』（『禅《ぜん》と日本文化《にほんぶんか》』）など
『大乗起信論《だいじょうきしんろん》』『碧巌録《へきがんろく》』『教行信証《きょうぎょうしんしょう》』などの英訳

こんな人生

鈴木大拙は明治３年（1870年）、石川県金沢市で生まれました（本名、鈴木貞太郎《すずきていたろう》）。家庭の事情により第四高等中学校（現在の金沢大学）を中退し英語教師となりますが、21歳の時に上京、東京専門学校（現在の早稲田大学）や東京帝国大学選科に身を置きながら鎌倉円覚寺の今北洪川《いまきたこうせん》、釈宗演《しゃくそうえん》に師事し、もっぱら禅の修行に励みました。「大拙」の居士《こじ》号（居士とは出家せずに修行する者のこと）は釈宗演より授けられたものです。

明治26年（1893年）、シカゴ万国宗教会議に出席する釈宗演の通訳として渡米し、現地で宗教学者ポール・ケーラスと親交を結ぶようになります。同30年（1897年）、27歳で単身渡米すると、ケーラスの主宰するオープン・コート出版社（イリノイ州ラサール）の編集員として約11年間滞在し、『大乗起信論』の英訳や『大乗仏教概論』（英文）の執筆などを行って、禅および仏教を広く海外に紹介しました。

明治42年（1909年）に帰国。学習院や東京帝国大学で英語を教えた後、大正10年（1921年）に真宗大谷大学（現在の大谷大学）教授となり、国内にて多くの著作を執筆しました。明治44年（1911年）にはアメリカで出会ったビアトリスと結婚しています。戦後、昭和24年（1949年）のハワイ大学での講義を皮切りに、約９年間アメリカを拠点として過ごし、ニューヨーク大学、プリンストン大学、コロンビア大学はじめ各地で禅・仏教思想の講義を行いました。この間、欧州各国でも講演を行っています。同33年（1958年）、88歳で帰国すると、90歳代に入っても研究生活を続け、95歳で亡くなりました。

現実の否定を通して現実を肯定する

大拙は、禅を基盤としつつ、浄土・華厳といった禅以外の仏教思想、あるいは西洋の思想等をも視野に入れながら、独自の思想を展開したことで知られます。思索を深める際に特によりどころとなったのは、自らの禅体験、そして長年取り組んだ禅についての学問的な研究（禅の文献資料の紹介・検討や、禅の哲学的・語学的な解明）でした。

　大拙の思想の核心に位置づけられるのは、「AはAだと云《い》ふ《う》のは、AはAでない、故に、AはAである」という「即《そく》非《ひ》の論理」です。「即非の論理」は難解ですが、簡潔に説明すると、常識によって捉えられた現実世界（分別）を、いったん否定した上で（無分別）、再び現実世界の物事をありのままに肯定する（無分別を経た高次の分別）論理ということができます。

こぼれ話

仏教文化・禅文化を海外に紹介し、文化人に大きな影響を与える

大拙の講演、出版により、1950年代のアメリカではZENブームがわき起こりました。『４分33秒』を作曲したジョン・ケージや、『ライ麦畑でつかまえて』で有名なJ. D. サリンジャーは、コロンビア大学で大拙の講義を聞き、影響を受けました。そのほか、詩人のゲーリー・スナイダー、精神分析学者のエーリッヒ・フロム、ビートジェネレーションの代表的作家ジャック・ケルアックなど、大拙の影響を受けた人物は枚挙にいとまがありません。

不公平を自覚し、自らの力で思索を深める

解説

6歳で父を、20歳で母を失《な》くした大拙は、十分な学校教育には恵まれませんでした。事実、家計を支えるために第四高等中学校を中退して英語教師となり、上京後に在籍した学校も中退しています。大拙は、何不自由なく学校へ通う同年代の者を見て不公平を感じることもあったそうですが、釈宗演（参禅の師）、西田幾多郎《にしだきたろう》（第四高等中学校時代の同級生・哲学者）などの師や友と交流しながら、ほぼ独学で思索を深め、世界的にも著名な思想家となりました。

もっと知りたい方へ文献案内

- 上田閑照・岡村美穂子／編『鈴木大拙とは誰か』（岩波現代文庫）岩波書店
- 「総特集＝鈴木大拙―生誕一五〇年　禅からZenへ―」『現代思想』2020年11月臨時増刊号、青土社

（執筆者：佐久間祐惟）

仏教史上の謎の解明に挑んだ
大谷探検隊の指揮者

大谷光瑞《おおたにこうずい》

（1876～1948年）

50

出生地　京都府

宗派　浄土真宗本願寺派《じょうどしんしゅうほんがんじは》

本山　西本願寺《にしほんがんじ》（京都府）

大事にした経典　『無量寿経《むりょうじゅきょう》』『観無量寿経《かんむりょうじゅきょう》』『阿弥陀経《あみだきょう》』など

著作　『大無量寿経義疏《だいむりょうじゅきょうぎしょ》』『帝国之前途《ていこくのぜんと》』『支那論《しなろん》』など

こんな人生

明治９年(1876)、浄土真宗本願寺派第21世法主・大谷光尊《こうそん》の長男として生まれ、10歳で得度しました。彼は学僧・前田慧雲《まえだえうん》などに学んだ後、ロンドンへ留学します。留学中に欧州各国の中央アジア調査やオリエンタリズムに刺激を受け、同35年(1902年)に中央アジアにおける仏教遺跡の調査を始めました。これが大谷探検隊の始まりです。第１回(1902～1904年)の調査では、釈尊が説法した地として知られる霊鷲山《りょうじゅせん》を発見したほか、古代インド、マガダ王国の首都である王舎城《おうしゃじょう》の場所を特定しました。同36年(1903年)には父・光尊が死去したことで、自身は法主継職のために帰国しましたが、他の隊員にはホータンやクチャの調査にあたらせました。第２回(1908～1909年)は、橘《たちばな》瑞超《ずいちょう》と野村栄三郎の２名を派遣し、トルファンやロプノールなどを調査させました。第３回(1910～1914年)では、橘瑞超と吉川小一郎《よしかわしょういちろう》が前２回の調査地の再調査を行ったほか、敦煌《とんこう》では文書を収集しました。全３回の探検で得た資料は仏典や西域語文書、絵画、彫塑《ちょうそ》、染織、古銭など多岐にわたります。これらの探検の報告書として『西域考古図譜《さいいきこうこずふ》』や『新西域記《しんさいいきき》』が刊行されています。また、大谷探検隊とは別に、多田等観《ただとうかん》と青木文教《あおきぶんきょう》をチベットへ派遣しました。

大正３年(1914年)、大谷光瑞は寺院の負債整理などにより法主を辞任しました。しかし、その後もサンスクリット語仏典の翻訳事業を手掛けるなど、仏教研究に従事し続けました。ほかにも、アジア各地を歴訪し、農園経営や人材育成などにも力を入れました。昭和23年(1948年)10月５日、73歳で死去しました。

教えの特徴

国家の前途と宗教の将来を考える

19世紀末、世界はヨーロッパ列強諸国によって分割される帝国主義の時代に入っていました。その中で、光瑞は初めて中国へ外遊することになります。出発前には外遊の目的について「国家の前途と宗教の将来とに付て深く考ふる所あるに因る」と述べています。以後、諸外国を歴訪し、世界情勢を見極めながら、大谷探検隊の指揮をはじめ、海外開教、著述、教育、印刷、農園経営などさまざまな活動に従事しました。

浄土真宗本願寺派の一僧侶であるだけでなく、探検家、教育家、事業家、政治家としての顔を持つ光瑞は、常に「国家の前途」と「宗教の将来」を考えていたことでしょう。仏教を思想の基盤としながら、仏教界にとどまらない日本を背負うリーダーとしての姿勢がうかがえます。

こぼれ話

財産をはたいて仏教研究へ

大谷光瑞が法主を継職した当時、西本願寺の予算は京都市とほぼ同額といわれるほどありました。しかし、大谷探検隊の活動費としての巨額の出費は西本願寺の予算から賄《まかな》われたため、当寺の財政は傾いてしまいました。このことが一因となって、大谷光瑞は法主の辞任を余儀無くされました。それでもなお彼が評価され続けるのは、探検隊が収集した資料が大変貴重なものであり、西域学、敦煌学《とんこうがく》の成立および発展に大きく寄与したからでしょう。

大事業を成し遂げるには緻密なマニュアルを

解説

光瑞は大谷探検隊のために、旅での注意事項や指示項目を詳細に記した『旅行教範』を作成しました。本書は「多数旅行」「単独旅行」「旅行日誌の形成」「書籍及器具・飯食品」「調査要項」「附表」の６部構成となっています。この緻密なマニュアルの恩恵もあり、生死に関わる厳しい環境の中での調査の末、隊員たちは無事生還し、貴重な成果を残すことができました。

もっと知りたい方へ文献案内

- 津本陽『大谷光瑞の生涯』（角川文庫）角川書店
- 柴田幹夫『大谷光瑞の研究　アジア広域における諸活動』勉誠出版
- 白須淨眞／編『大谷光瑞と国際政治社会　チベット、探検隊、辛亥革命』勉誠出版

（執筆者：和田賢宗）

主な参考文献

中村元・笠原一男ほか／監修・編『アジア仏教史　日本編　Ⅰ～Ⅸ』佼成出版社（１９７２～76年）

田村圓澄『飛鳥・白鳳仏教史　上下』吉川弘文館（１９９４年）

梯信暁『インド・中国・朝鮮・日本　浄土教思想史』法藏館（２０１２年）

松尾剛次『鎌倉新仏教の誕生　勧進・穢れ・破戒の中世』（講談社現代新書）講談社（１９９５年）

田中久夫『鎌倉仏教』（教育社歴史新書　日本史〈58〉）教育社（１９８０年）

菊地大樹『鎌倉仏教への道　実践と修学・信心の系譜』（講談社選書メチエ）講談社（２０１１年）

大角修『基本史料でよむ　日本仏教全史』（角川選書）ＫＡＤＯＫＡＷＡ（２０２３年）

末木文美士『近世思想と仏教』法藏館（２０２３年）

蓑輪顕量／編『事典　日本の仏教』吉川弘文館（２０１４年）

五来重『修験道入門』（ちくま学芸文庫）筑摩書房（２０２１年）

末木文美士・松尾剛次・佐藤弘夫ほか／編集『新アジア仏教史11　日本Ⅰ　日本仏教の礎』佼成出版社（２０１０年）

末木文美士・松尾剛次・佐藤弘夫ほか／編集『新アジア仏教史12　日本Ⅱ　躍動する中世仏教』佼成出版社（２０１０年）

末木文美士・松尾剛次・佐藤弘夫ほか／編集『新アジア仏教史13　日本Ⅲ　民衆仏教の定着』佼成出版社（２０１０年）

大久保良峻／編著『新・八宗綱要　日本仏教諸宗の思想と歴史』法藏館（２００１年）

義江彰夫『神仏習合』（岩波新書）岩波書店（１９９６年）

竹貫元勝／監修『禅宗入門』（別冊太陽　日本のこころ239）平凡社（２０１６年）

今枝愛真『禅宗の歴史』至文堂（１９６２年、２０１３年吉川弘文館から再刊）

末木文美士『禅の中世　仏教史の再構築』臨川書店（２０２２年）

伊吹敦『禅の歴史』法藏館（２００１年）

大谷栄一・吉永進一・近藤俊太郎／編『増補改訂　近代仏教スタディーズ　仏教からみたもうひとつの近代』法藏館（２０２３年）

榎本渉『僧侶と海商たちの東シナ海』（講談社学術文庫）講談社（２０２０年）

末木文美士『中世の神と仏』（日本史リブレット32）山川出版社（２００３年）

菊地大樹『中世仏教の原形と展開』吉川弘文館（２００７年）

石田充之『日本浄土教の研究』百華苑（１９５２年）

五来重『日本人の仏教史』（角川選書）角川書店（１９８９年）
船岡誠『日本禅宗の成立』（中世史研究選書）吉川弘文館（１９８７年）
末木文美士『日本の近代仏教　思想と歴史』（講談社学術文庫）講談社（２０２２年）
頼住光子『日本の仏教思想　原文で読む仏教入門』北樹出版（２０１０年）
末木文美士／編著、頼住光子・大谷栄一『日本仏教再入門』（講談社学術文庫）講談社（２０２４年）
大久保良峻・佐藤弘夫・末木文美士ほか／編著『日本仏教34の鍵』春秋社（２００３年）
大隅和雄・速水侑／編著『日本仏教史』梓出版社（１９８１年）
石田瑞麿『日本仏教史』（岩波全書）岩波書店（１９８４年）
蓑輪顕量『日本仏教史』春秋社（２０１５年）
速水侑『日本仏教史　古代』吉川弘文館（１９８６年）
大隅和雄・中尾尭／編『日本仏教史　中世』吉川弘文館（１９９８年）
圭室文雄『日本仏教史　近世』吉川弘文館（１９８７年）
柏原祐泉『日本仏教史　近代』吉川弘文館（１９９０年）
末木文美士『日本仏教史　思想史としてのアプローチ』（新潮文庫）新潮社（１９９６年）
今泉淑夫／編『日本仏教史辞典』吉川弘文館（１９９９年）
田村芳朗『日本仏教史入門』（角川選書）角川書店（１９６９年）
松尾剛次『日本仏教史入門　釈迦の教えから新宗教まで』（平凡社新書）平凡社（２０２２年）
末木文美士『日本仏教入門』（角川選書）ＫＡＤＯＫＡＷＡ（２０１４年）
大久保良峻／編著、吉田和彦・上島亨ほか『日本仏教の展開　文献より読む史実と思想』春秋社（２０１８年）
日本仏教研究会／編『日本仏教の文献ガイド』（日本の仏教　第Ⅱ期第3巻）法藏館（２００１年）
高崎直道・木村清孝／編『日本仏教論　東アジアの仏教思想Ⅲ』（シリーズ東アジア仏教）春秋社（１９９５年）
立川武蔵・頼富本宏／編『日本密教』（シリーズ密教４）春秋社（２０００年）
凝然大徳／著、鎌田茂雄／全訳注『八宗綱要』（講談社学術文庫）講談社（１９８１年）
平川彰／編『仏教研究入門』大蔵出版（１９８４年）
日本仏教研究会／編『仏教と出会った日本』（日本の仏教　第Ⅱ期第1巻）法藏館（１９９８年）
末木文美士／編『仏教の歴史2　東アジア』（宗教の世界史４）山川出版社（２０１８年）

蓑《みの》輪《わ》顕量《けんりょう》

1960年千葉県生まれ。東京大学教授。東京大学文学部卒。東京大学大学院博士課程単位取得。愛知学院大学教授を経て、現職。専門は日本の仏教、仏教思想史。著書に『仏教瞑想論』『日本仏教史』(春秋社)など。1999年日本印度学仏教学会賞受賞。2020年より日本マインドフルネス学会の理事を務める。2023年より日本印度学仏教学会の理事長。

東京大学仏教青年会《とうきょうだいがくぶっきょうせいねんかい》

1919年東京大学の学生を中心として創立された仏教青年会。各種研究会、公開講座、座禅会、写経会を開催するほか、機関紙『仏教文化』、学術雑誌『仏教文化研究論集』を発行するなど、幅広い活動を行っている。
本書執筆者：赤塚智弥、一色大悟、伊藤有佑、木村和樹、木村光仁、金慧珍、具知會、小谷昂久、小林遼太郎、佐久間祐惟、佐藤もな、鈴木政宏、宋東奎、高柳さつき、松尾善匠、余新星、和田賢宗

日本を変えた
すごい僧侶図鑑

2024年９月13日　第１刷発行
2024年11月18日　第２刷発行

編著者　蓑輪顕量
著者　東京大学仏教青年会
デザイン　藤塚尚子（etokumi）
イラスト　うぐいす
DTP　トラストビジネス株式会社
編集　前田康匡（産業編集センター）
発行　株式会社産業編集センター
〒112-0011　東京都文京区千石4丁目39番17号
TEL：03-5395-6133　FAX：03-5395-5320
印刷・製本　萩原印刷株式会社

ISBN 978-4-86311-416-6　C0015